JN075084

“政治ムラ”の
常識を覆す

「豊かな日本」は、こう作れ！

泉房穂
藤井聡
著

ビジネス社

まえがき——必要なのは、国民への愛

泉　房穂

政治は誰がやっても同じではない。誰が政治をやるのかで、私たちの生活は大きく変わってくる。30年もの間、ほとんど経済成長もせず、給料も上がっていないのは、世界の中で日本ぐらいいだ。政治が間違っていたからだ。

30年もの間、給料が上がらないのに、税金が上がり、保険料も上がり、物価まで上がっていったのでは、私たちの生活はますます苦しくなっていく。その原因は、日本の政治にある。30年間、何もしてこなかったからではない。何もしていなければ、私たちの生活はここまで苦しくはなっていない。そうではない。政治が間違ったことをやり続けてきたのが原因だ。

しかも、その間違いは今なお続いているし、いまだ終わる気配がない。それどころか、さらに間違いを重ねようとしている。その間違いとは何か。それは国民を助けることなく、国民に対して、あたかもイジメのごとく、負担を増やし続けてきたということだ。

そういった政治を終わらせなければならない。そうでなければ、私たちは救われないし、子どもたちや孫たちの世代にも申しわけが立たない。間違った政治を終わらせるのは、今の時代を生きている私たち大人の務めだと、最近あらためて強く思うようになってきた。

今の日本の政治に足らないのは、『国民への愛』だ。国民を助けるのが、本来の政治の使命や役割のはずなのに、国民を助けるどころか、国民に鞭打つような政治が続いている。

私は10歳のときに、ふるさと明石の街を「やさしい街」に作り変えてみせると自分に誓い、その誓いを果たすべく、必死に生き、明石市長になり、12年間をかけて、明石の街を作り変えてきた。その奥にあるのは、『ふるさと明石への愛』だ。冷たく理不尽だった子ども時代の明石、私はその明石を心から憎み、だからこそ「心から愛せる街」にしてみせると誓った。そして、子ども時代に感じた世の中の理不尽というものを、政治の力で何とかしてみせると思い続けて全力でやってきた。政治に必要なのは、『自らが暮らす社会と、その社会で暮らす人々への愛』だと思っている。

言い換えれば、どっちを向いて政治をするのかということだ。私は常に市民の側で、市民とともに、市民のための明石市政をやってきたつもりだ。それまでの予算配分を抜本的に見直して、子育て費用5つの無料化（医療費、保育料、給食費、遊び場、おむつ）や、高齢者・障害者・犯罪被害者への全国トップレベルの支援策などを次々に具体化していった。あわせて市役所職員の意識改革も図り、言葉どおり市民のほうを向いて仕事をする体質に変えていった。

おかげさまで「明石市はいい街に変わった」と多くの市民から言われるようになった。明石市では、市民の負担が大幅に軽減され、市民が暮らしやすい街となり、それゆえ、人が集まり、お金も回り始め、地域経済も元気になり、財政も健全化した。

10年連続人口増（人口増加率は中核市で全国トップ）や、出生率上昇なども評価いただいているが、それらは政策の目的ではなく、効果にすぎない。明石市が目指してきたのは、「市民一人ひとりが暮らしやすい街」であって、『市民への愛』がベースになっている。

明石市長を卒業し、次は国の政治も変えていきたいと思っていた矢先、藤井聡教授との運命的な出会いがあった。『国民への愛』という言葉を恥ずかしげもなく胸を張って言われる姿に、いたく感動を覚えた。積極財政の中心的論客であることは、かねてから存じ上げてはいたが、その奥に『国民への愛』があったことに、なるほどと思った。

『国民への愛』があれば、今の時代、生活に苦しんでいる国民に対して、これ以上の負担を押し付けることをよしとするはずがない。国民負担の軽減こそが、今の政治のやるべきことであり、そのことが日本経済を回すことにつながるのは当然の理だ。

私は、あきらめてはいない。政治とは可能性であり、私たちの未来だと信じてきたし、今もそう信じている。日本の国の政治も当然のことながら変えていくことは可能だし、変えていかなければならない。国民の方を向いた政治に変えれば、国民の負担も軽減され、私たちの生活も助かり、経済が回りだし、「豊かな日本」がやってくる。夢物語ではない。私たちのこれからの話なのだ。

藤井聡教授との対談が、これからの政治を変えていく一助になることを願い、この書を世に出すことにした。

『国民への愛』を込めて。

第2章　国民を必ず豊かにできる経済政策

第3章　T型人材による役人の少数精鋭化

第4章 出でよ！「活道理」の政治家

第5章 岸田政権の政策に物申す

本書は、『東京ホンマもん教室』（毎月第2・第4土曜日10時～TOKYO MXにて放送）の協力を得て、編集したものです。

第1章

常に市民を見てきた！

地元のよさと限界を自覚して政策を展開する

藤井　今日は是非いろいろ、泉さんとお話ししたいと思っているんですが、やっぱりまずは、明石市長時代のお話をお聞きするところから始めたいと思います。泉房穂さんは、明石生まれ明石育ちで、２０１１年から２０２３年までの３期12年間、兵庫県明石市長をされていたんですよね。

泉　私は子どもの頃、「明石は冷たい街だ」と思っていました。だから明石を「市民のほうを向いた街にする」「市民が胸を張れる街にする」という目標を立て、それを達成するために必死に努力し、やっと市長になって12年間務めてきました。

藤井　泉さんはすごく手腕のある市長さんとして高く評価され、行政の世界では「有名人」だったわけです。そんな中でもいちばんよく知られているのが、やはり子ども政策ですよね。

泉　明石市は人口30万人、市の正規職員が約２０００人、予算規模は約２０００億円です。私が市長になったときの子ども予算は、そのうちの１２５億円でした。それが市長を辞める前には297億円まで増やしています。172億円増で、倍率にすると2・38倍です。

このお金で明石では18歳までの子どもの医療費、保育料、給食費、おむつ代をいずれも無料にしました。加えて児童相談所を新たに設け、虐待などでの子どもの死を防ぐために、そこに国の基準の2倍の職員を配置しました。

藤井　それらは明石市の特性を踏まえた政策でもありますよね。

泉　やはり街に合った政策をしなければなりません。今の時代の明石市長だから今の明石の政策なのです。私が別の街の市長であれば違う政策を実施します。どの街でも同じことができても、同じことをしたら同じ効果が生まれるというものではありません。選択する政策の優先度が違うのです。

明石市長であるがゆえに、明石のよさと限界を自覚して政策を展開してきました。明石の西には姫路市、東には神戸市と大阪市があります。それらの街は、また違う政策について優先度が高いのです。

藤井　明石は神戸、大阪のベッドタウンですね。

泉　工場誘致ができる土地はあまりなくても、住宅用の宅地はあります。交通の利便性もよく、地価は阪神間に比べて半値ぐらいで安い。神戸や大阪の会社に通勤している人も、明石に住むなら通勤圏なので転職しなくてもいいんです。

だから明石では無理に雇用政策を実施しなくても、「暮らす」と「育てる」の2つに重点化した政策を行えば高い経済効果が生まれます。逆に「働く」とか「学ぶ」ことをしたくても、企業や大学に提供できる土地もメリットもそんなにありません。働く、学ぶは神戸、大阪などに行ってやって欲しい。地域特性に応じた役割分担の発想ですね。

私は市長になったとき、「ごめんなさい。明石にある大学は兵庫県立大学の明石看護キャンパスだけです。国立大学も、関関同立などの有名私立大学もありません。おまけに明石には小洒落たレストランなど夜行くところが少ないから、デートするなら神戸で夜景を見て口説いてください」と言ったのです。

藤井　例えば兵庫県の豊岡市など、都会から離れたところの市長だったら、全然違う戦略を取っていたということですね。

泉　今年4月に兵庫県内陸部の市長選の応援に行きました。そこでマイクを握ったとき、ここは明石とは大分違う生活環境だなと感じました。広大な土地があって地価が安く、高速道路のインターチェンジもあります。

藤井　そこだったら工場立地ですね。

泉　インターチェンジの近くを工場立地にして、子育てしながら働きやすいよう近くに保育所を整備するような形を展開すればいいでしょうね。

実際に市長のするべきことは極端にいうと3つしかありません。1つが「方針を決めること」、次が「その方針に沿った予算を付けること」、最後が「方針を実行できる人をあてがうこと」。目的とお金と人で、あの山に登ろう、お金を付ける、おまえが行け、という3つの決断をすることです。

目的のなかには、こうやったら街がよくなるから賑わって経済もよくなるというような、ストーリーを描ける能力も含まれます。しかもそこには、目先じゃなくて街の将来に対する結果責任を負う姿勢も欠かせません。

藤井　活動して自分で想像してビジョンをつくったら、それをナラティブ（語り口）化しストーリー化して、しかもそれを職員に理解させるということですね。

泉　それにお金と人も伴います。お金はシンプルなので、重点化すればいい。政策を重点化して優先度を付けるのです。今の時代状況では何が合理的で何の効果が高いかを見定めて、まさに政策効果の高いところに重点化を図ってお金を使わなければなりません。

明石出身者に出身地を「明石」と言わせたい

泉　私は大学生時代、東京にいましたが、明石の友だちが皆、出身地を聞かれると「神戸」とウソをつく。それに腹が立って、「おまえら、明石のくせしてウソ言うな。何が神戸や」と文句を言ったことを覚えています。

藤井　伏見の人間が自分の土地を「京都」と言うと怒られますけど、それと同じですね、明石の人間が神戸というのは絶対にいけませんよ（笑）。

泉　私もカチーンときて、市長になったら明石出身者に絶対に「明石」と言わせたいと思いました。

地方自治体の首長の座には2つのメリットがあります。1つは選挙に当選しさえすれば、経歴には関係なくその座に就けるということ。大企業の社長とか、総理大臣にはいきなりなれません。

もう1つは、地方自治体の政治制度は首長制だということ。自分のような協調性のあまりない濃いキャラクターの人間は、トップに立ってもダイレクトに強力な権限が振るえないと人が付いてきません。その点、強力な権限がある大統領型の首長は私に向いていると思っていました。明石市長になれば、トップとして方針を決定し、予算権と人事権を直接使える。だから明石を変える政策もどんどん実行していけたのです。

藤井　いったん首長になってからとにかく続けられるだけ続けようとする人もいますよね。だからやっぱり泉さんも明石市長をできるだけ長く務めたいと考えておられたんですか…？

泉　いえ、私は初当選したとき、市長をやるのは10年ぐらいにしようと思いました。10年あれば、街はつくり変えられると確信していたからです。

遅まきながらも47歳でようやく市長になりました。自分からすると市長になったのは随分遅かったという感じがしていました。

藤井　子どものときの思いからすると、市長になるまではやはり長かったんですね。

泉　中国の無錫市で「明石市長になる」と改めて明確な意思を持ってから、25年かかったとも言えます。無錫市は上海市の北にある人口７５０万人の都市です。

明石市は１９８１年８月に無錫市と友好都市提携を結びました。私が22歳だった１９８６年、両市の友好都市提携の５周年を祝う式典が無錫市で催され、これに明石市民も招待されました。しかし私は招待されてもいないのに勝手にバックパックを背負って日本から無錫市の式典会場のホテルに行ったのです。

式典が開催されているホテルの壁画を見ながら、「次は市長としてここに戻ってきて、この壁画を見るぞ」と心に誓ったのでした。

それから25年経った2011年に私は明石市長になり、姉妹都市30周年の記念式典で中学生の吹奏楽団を引き連れて無錫市に戻ることができたのです。「25年もかかったか」と感慨深いものがありました。

しかし当然ながら市長になったことはゴールではなくスタートです。以後、ファースト・ペンギンとして街を変えるんだという強い気持ちで明石市政に必死に取り組んできました。その結果と言うか、今では出身地を聞かれて明石出身の市民は「明石」と答えるようになっています。しかも同じことで、「明石の近く」と答える神戸出身の人も出てきているようです（笑）。

藤井　泉市政12年間の目に見える成果の1つですね。

不安の解消に行政が家族のように取り組む

泉　いま日本では出生数が減ってきています。なぜ子どもを産もうとしないかというと、子育ての最大の問題は「不安」ということになります。

「お金の不安」と「もしものときに大丈夫か」の不安があるからなんですよ。つまり、子育ての最大の問題は「不安」ということになります。

明石では市民のこの2つの不安にちゃんと寄り添って、1つは明石だったら「お金の面は何とかなる」、もう1つは明石だったら「ウチの子が病気になっても見てくれる。親が病気になっても子どもを預けられる」という「安心」を行政が提供することにしました。

具体的には「お金の面は何とかなる」では、先ほど言った18歳までの子どもの医療費、保育料、給食費、おむつ代の無料化があります。現金を1回だけ配るようなことではなく、子どもが大きくなるまでの継続的なお金の不安を解消するのです。これで子どもが大きくなるまで、明石では他の街と比べて格段にお金の心配をしなくてよくなりました。

結婚をして子ども1人つくって、親が「子どもというのはお金かかり、手がかかる」ということを実感したら、2人目をつくろうとは思えなくなる。だから安心をもたらす明石の無料化は「2人目をつくってもお金は大丈夫」というメッセージにもなっているのです。

藤井　そういう形で負担の軽減がはっきりしていると安心できますよね。

泉　もう1つの「ウチの子が病気になっても見てくれる。親が病気になっても子どもを預けられる」では、明石の駅前に預かり保育の場所をつくって、「親が体調不良だったら明石市が子どもを預かります」というメッセージを出しました。

これは「あなたのお子さんのおじさん、おばさん代わりを明石市が務めます」ということです。ちょっとうるさいおじさん、おばさんですけれど、しっかり子どもを預かります。昔の大家族の代わりを明石市がするということで、子育て層の心にズドーンと刺さるのです。

藤井　おっさん、おばさんはうるさい方がいいんですよ（笑）。地方自治体は英語でコミューンと言います。要するにコミュニティ＝共同体っていう意味であって、共同体というのはいわば家族なんですから。

泉　私は明石の子どもは全部自分の子だと本当に思っています。自分の子と一緒なので、明石の子どもが1人でも泣いていたら、自分が親として助けるというイメージです。他のところとは本気度が違う。あれもこれも全部やろうと全力で取り組んできました。

藤井　内容の情報だけではなくてそれを含めたメッセージが市民に伝わっていた、っていうことですね。それは素晴らしいです。しかもそれがよその街の市民にも伝わって、それが人口流入をもたらしたわけですね。

そのほかに泉さんからすると、これはすごく大事だった、効果があったというような取り組みにはどんなものがありましたか…？

泉　明石市は子どもだけではなくて高齢者、障害者、犯罪に遭った被害者などにも目を向けて、誰一人取り残さないとの思いでやってきました。

離婚した親で、自分の子どもに対して養育費を払わない人がいます。だから子どもの養育費を明石市が立て替えているんです。それで、「明石市が養育費を立て替えていますので払ってください」と連絡をすると、面白いことに「わかりました。払います」と言って払ってくれるんですよ。最初から払ったらいいのにね。

放ったらかしていたら、なかなか払わないわけです。しかし離婚した後に子どもを引き取ったほうの親が養育費をもらえない場合、明石市という行政が動くことで、別に暮らしている親から子どもの元へとお金が動き始めるんですね。

障害者については、「障害者配慮条例」（障害者に対する配慮を促進し誰もが安心して暮らせる共生のまちづくり条例）を施行しました。条例名に「差別禁止」を使わず、「配慮」を使用しました。この条例に基づき、全国初となる「合理的配慮の提供を支援する公的助成制度」も始めました。障壁を持つ社会の側が障害者に配慮するための費用を税金で助成することにしたのです。

民間の商店、飲食店などが行う点字メニュー作成、チラシ等の音訳のほか、筆談ボード、簡易スロープ、手すりといった物品の購入や工事の費用を行政が助成します。

犯罪被害者の場合はほとんどが泣き寝入り状態です。だから明石市が加害者に代わって被害者に300万円の賠償金を払うようにしました。その立替支援金を明石市は加害者から取り戻します。これも全国初です。

つまり、泣き寝入りする市民を放置しないし見捨てないという「明石市はあなたの家族」という本気の行政をやってきました。市民にもちゃんと響いていると思います。

強調しておきたいのは、明石市で子ども政策をやったのはそれまで全国であまりにも子ども政策をやっていなさすぎたからです。しかも明石市では他に高齢者、障害者、犯罪被害者や、更生保護・再犯防止への支援などもやってきたし、ハード面でも地方自治体が運営する公共交通、コミュニティバスの利用者増などにも力を入れてきました。

私はマニアックに子どものことだけをやってきたのではありません。すべてに目を配りながら必要なことを全部やってきたのです。自治体経営者として、行政の仕事について、合理的に順々にストーリーをつくり、どうすればどうなるかを見極めながら、それに必要なお金と人材をあてがって回してきました。

子ども政策は地域経済を回す経済政策だ

泉　とにかく市民向けの政策から始めていきました。市民向けの政策をやっていれば市民の間に安心が生まれて、明石に住みたくなる、住み続けたくなり明石から出て行かなくなる。その結果、人口が増えて賑わい、市民も金銭的に余裕ができるため、街にお金をどんどん落とし、地元の経済が賑わって市の財源もできてくるんです。

結局、ポイントは経済の回し方なんです。私は市民がお金を使えるようにする政策を意図して実行しました。明石の政策は市民がお金を使えるようにすることだと断言できます。

藤井　では、お金を使えるようになるにはどうするかですね。

泉　それには3つあって、1つが現金を配ること。しかし現金は通帳残高になってしまって終わることが多いのです。現ナマでほっぺたを1回こっきり叩いても効果は薄い。だから私は現金派じゃありません。

なので、市民にかかるであろうお金を払わなくていいという形を考えました。これが2つ目です。軽減された負担分のお金は子どもに回ります。無料化を行うと、子育て層は浮いたお金を子どものために使い始めます。子どもには特にお金がかかるため、無料化はまさに経済を動かすカンフル剤となるのです。

また、地方自治体では普通、国から来た交付金などはすぐにダイレクトに事業の経営者に振り込みます。けれども明石市では、まず市民に3000円とか1万円とかの地域振興券を配るようにしました。これが3つ目です。

藤井　具体的に何をするかについて、試行錯誤はありましたか。

泉　実は何をするかは簡単なんです。ヨーロッパの国々をはじめ、先にいろいろやっている国があるので、基本的にそうした海外の成功事例を参考にして持ってくればいいだけです。日本の国内だけを見ているからわからない、そのことに気づいていない人が多いようです。

そのうえで何から着手すればいいかは、優先度の問題だからトップが決断しなければなりません。今の時代はやはり子ども政策が優先になります。

私が「子どもは未来への投資だ」と言ってきたのは、子ども政策が子どものためだけじゃなくて、子どもとその親のためだけでもなくて、経済政策だからなんです。子どもに投資をしたら、子育て層の負担が軽減されます。すると子育て層はお金を使うようになって、地域経済がどんどん回っていきます。

地域経済が回ったら財源も生まれる。さらにいろいろなことができるようになります。逆に経済を回さなかったら、経済も地域も潰れていってしまいます。

総スカンでも狙い通りに上昇した明石の経済

泉　私は12年前に市長になってすぐに明石市民に対し、「まず子ども政策に重点を置きます。子どもにお金をつぎ込んだら地域経済が回り始めるからです。いちばん儲かるのは子どもなのに、日本の場合、地方自治体も政府も子どもへの支援が少なすぎます。

子どもにちゃんと重点投資をすると、商店街にお金が落ち始め、建設ラッシュも起こるでしょう。それで増えた税収を高齢者政策に回すことができます。効果は順番にやってきます。子どもを本気で応援すれば、最後には街の皆が幸せになります」と説明しました。子どもを応援するのだから、もちろん子育て層からは喜ばれました。

ところが、商店街の親父さんたちはいつも、「何や、市長は市民をバカにしてるやないか。子どもに回すお金があったら、アーケードをつくれ」と言うのです。

これに私が「待ってください。これ以上、アーケードをつくって、どないするんですか。アーケードをいくら飾りつけてもお客さんは来やしません。でも、子どもにお金を投資したら、子育て層がお金を落として儲かり始めまんがな。アーケードに投資するよりも子育て層を支援したほうが商店街振興対策になりますよ」と説得しても、返ってくるのは「ウソつけ、騙しやがって」という声ばかりでした。

地元の産業界の人たちからも「子どもじゃなくて産業や」と言う声が挙がるので、「産業のためにもまず子どもなのです。子どもに投資したら金が回って経済が潤います」と反論しました。けれども地元の産業界の誰も信じませんでした。

同様に高齢者たちからも「何で子どもやねん。お金が子どもばっかかりに行って、わしら高齢者をどうするんや」と文句を言われました。これにも「高齢者をないがしろにするつもりじゃありません。街が元気になって潤ったら高齢者にもお金が回せるようになるから、ちょっと待ってください」と頼んだのです。これも「ウソつけ」と言われました。

藤井　地域経済がよくなって税収が増えてきたら、それを高齢者に回してあげることだってできるわけですね。

高齢者福祉のためにいちばん大事なのは、若者の1人当たりで何人の高齢者を見なければならないかという比率です。その数が非常に大きくなってきているので苦しくなっています。若者の人口が増えてきたら高齢者も楽になることは算数上自明なことです。

それまでは高齢者には「本格支援についてはしばし待ってくれ」という話になりますね。

泉　私が市長を務めた12年間のうち最初の5年ぐらいは子育て層以外からはほぼ総スカンでした。子育て層は口には出せなくても、内心で「ありがとう」と思っていたようです。「ありがとう」と口に出すのもはばかれるぐらいの総スカン状態だったのです。特に商店街、産業界、高齢者からは「市長は何を考えているんだ」とボロクソに言われ続けました。

皆その瞬間の絵しか見てないような状態だったのです。それでも例えば蜂が蜜を吸って受粉すると花が咲くし、花粉が風に吹かれて飛べばやはり花が咲く。だから市長は、時間軸も含めて事態がどう動いていくかを総合的に判断して、市民のためにブレることなく政策を展開していかなければならないのです。

藤井　どれぐらいしてから、経済上昇の実感が出てきたのですか。

泉　私が市長になって5年の2016年あたりから、明石がすごく元気になってきて商店街が潤い出しました。それで商店街の親父さんたちも急に「市長、わしらむちゃくちゃ儲かってきた。子どもは儲かるわ、これから子どもやね」とか、「市長、よかった。待った甲斐があったわ」と言うようになったのです。こちらとしては「やっと来たか。遅くなってごめんなさい」という感じでしたね。実際、明石の経済はよくなりました。

商店街はもう「アーケード、アーケード」とは全然言わなくなって、逆に「もっと子どもを応援してやれ」と求めるほうへと変わりました。

コロナ禍のときも皆がどんどんお金を落としてくれているから、駅前の商店街は明石の歴史上最高の売り上げになったのです。

藤井　経済政策が機能し始めて経済が拡大していくと、やはり税収も増えていったわけですよね？

泉　そうです。しかし私は市長になる前から、そうなるのは当然だと思っていました。

藤井　いちばんの効果として経済が回るということがあり、明石への移住で人口が増えるというのもある。

泉　本当にダブルの効果です。それで経済が回ってくると、最初から言っていたように当然、高齢者にもプラスになります。

藤井　無料化ですか？

泉　そうです。子どもだけではなくて、認知症の診断費用の無料化、医療費の一部の無料化など高齢者へもやるようになったんです。

明石市ではお金に余裕ができたので、コミュニティバスのＴａｃｏバスについても高齢者の乗車料金を無料にしました。

駅前の図書館だから家族連れが押しかける

泉　子育て層は子どもにちゃんとお金を使いたい層なので、そこに重点投資をすると経済が回ります。だから、その一環として私が市長になった1年目にやったのが、明石の駅前の再整備計画で建てるビルの中身を入れ替えて、そこに図書館と子どもの遊び場をつくったことでした。

これには、味方はほぼ全滅というくらい皆から反対されました。これも商店街の親父さんたちとしては「そんなもんをつくっても地元は儲からん」という理由からでした。

私が「必ず儲かります。図書館で絵本がタダで借りられたら、その分のお金は商店街に落ちますから」と反論したところ、「そんなこと起こるか。もっと気の利いた店を持って来んかい」と言われたのです。

これに私も「気の利いた店を持ってきたら、あんたんところにはお客さんは来ませんで。そうじゃなくて、親御さんが図書館でお金を浮かせて、子どもが腹を減らしてもろたら、飯食いに行きますよ。お金が浮いたら服も買いまんがな」と言い返したことを覚えています。

藤井　普通の市長ならそこで腰砕けになりますよね？

泉　強い反対があっても私は断行しました。駅前の再整備計画の中身をごっそりと入れ替えてつくったのは、中途半端なショッピングセンターではなくて図書館と子どもの遊び場の入ったビルでした。図書館の面積を従来の市立図書館の4倍にして子どもの絵本も多く買い揃えました。図書館とは別の階はすべて、子どもが遊具で跳んだりはねたりできる場所や中高生が気軽に立ち寄り集える場所にしたのです。利用料金はもちろん無料にしました。

このビルができた後、家族連れが皆大挙して明石駅前に来るようになりました。子育て層としては子どもたちを他の同じような場所で遊ばせると4000〜5000円かかるから、この施設で遊ばせればその4000〜5000円が浮くことになります。

また、図書館に行って絵本を無料で2冊借りたとしたら、買うのと比べて3000円浮くことになります。

つまり、家族連れはこの施設を利用することで7000〜8000円が浮くわけです。楽しい時間を過ごして腹が減るとどうするか。当然、周辺で食事をします。子どもが遊んで靴が傷んだり服が汚れたりしたら、靴や服を買います。

このビルがオープンしたのは2016年です。私が市長になって5年あたりからそういうことが本当に起こったのです。

藤井　駅前なら子どもを連れて行くにも便利ですよね。

泉　便利な場所で子どもを遊ばせられるなら親も楽なんです。

しかも明石には所得で言えば、いわゆる中間層が多く、そういう人たちは駅前のビルで子どもを遊ばせて絵本を借りて、浮いたお金をどんどん商店街に落とします。この駅前のビルがオープンをすると、地元の商店街はお客さんが急増して潤い始め、飲食店の出店ラッシュも起こりました。

子育て層はお金を貯金に回すのではなくて街に落とします。子どもためにお金を使うと、その効果は2倍、3倍にもなるのです。子育て層が助かり、そのお金が地元に落ちて地元の経済も潤う。明石市にはそのお金が税収として戻ってくるから、まさに経済が回り、まちの好循環が拡大していくのです。

商店街の親父さんたちに「駅前に中途半端な小洒落た店を持って来ずに図書館とか子育て支援のものを持ってきたほうが、民間のあなたたちにもお客さんが流れるんやから」と言ってきた通りになったので、まちの空気感が変わった市長就任5、6年目あたりが私の市長としての変わり目にもなりました。

貯金に回る現金も地域振興券にすれば使われる

泉　俗に言うバラマキに頼っても通帳の預金残高が増えるだけでお金は回りません。その地方自治体だけで使える地域振興券を配ると、市民のほぼ全員が使います。これまでの地域振興券の換金率は98％ぐらいになっています。

これは、市民の負担軽減のみならず、地元の商店街とか事業者に回っていくお金になるのです。市民も使い、事業者も潤うので、同じお金の使い方でも2度おいしいということになります。市民も助かり事業者も助かる。

藤井　事業者に直接、お金を入れてしまったら、そのお金が市民の使う所得になる保証はないし、他の地域の事業者に流れてしまうかもしれません。

けれども1回市民を通せば、市民の消費も増えて豊かさも拡大する。と同時に地元の事業者にお金を入れていることにもなりますね。

泉　その通りです。

藤井　したがって、より効率的なキャッシュフローの流し方の設計を考えられたということですね。ただ、地域振興券でなく「給付金」で配ってしまうと、それが消費に回らず貯蓄に回る部分が必ずでてくる。それなら事業者に払った方がまだマシ、ということになりますが、地域振興券なら消費の分だけ支出する事になりますから、政府支出がそのまま100％消費に回ってGDPの拡大料になりますから、ホントに効率的ですね。

泉　それに、物価高対策等で国から地方自治体にお金がくる場合、地方自治体の人口割でくるのです。

例えば兵庫県下のほとんどの地方自治体は、ガソリン代が上がっているということで、国から来た物価高対策費をそのままタクシー会社やバス会社の口座に振り込みました。確かにそれはガソリン代の高騰対策ではあるのです。物価高対策の趣旨にかなっていて間違ってはいません。

しかし私はもったいないお金の使い方だと思いました。明石市の場合は人口30万人なので国から約10億円のお金がきます。そこで10億円を人口30万人で割って1人3000円のタクシー券込みの地域振興券に換えたのでした。そういう形で物価高対策のお金をすべての市民に渡したのです。

藤井　タクシーにも使える地域振興券ですね。

泉　そうです。ところが、そのときにタクシー会社の社長から私に直接、怒りの電話がありました。社長は「地域振興券にしてしまうと、タクシー券として使う客は少なくなるやないか。どないしてくれるんや」と言うのです。

私はまずこう反論しました。「何をおっしゃるか。お金を事業者に1回渡したら、1回きりしか使えんし、タクシーのお客さんも増えんよ。でも明石市には30万人の人が住んでいる。タクシーのお客さんを一生乗せる商売を続けるんやろ。どっちが得やねん。地域振興券はむしろあんたらのためにやっとるんや」
そのうえで具体的に「1回こっきりの目先の現金よりも、そのお客さんが今回、3000円分の地域振興券のうち1000円か2000円分を使って病院にタクシーで行けば、『これは便利や』ということになる。1000円か2000円で行けるんやったら、次は自腹を切ってもいいと思うやろ。そうすればタクシーのお客さんが増えるやないか。地域振興券はトータルで考えたら、タクシーのお客さんを増やす政策なんやから、こっちのほうがタクシー会社にとっても効果が高いんよ」と説明したら、社長も「あっ、そうかな」と言って電話を切りましたね。

藤井　地域振興券を発行することについて市役所の職員の反応はどうだったんですか。

泉　これは職員が労を惜しまないかどうかにかかっているんです。30万市民全員の家に3000円分の地域振興券を印刷して配り、事業者も1000以上の店にポスター貼ってもらったので手間暇は大変でした。
しかも普通は、手間暇をかけたくないというのが職員の本心で、自分からいっぱい汗をかきたいと思っていたわけではないでしょう。他の地方自治体のように地域振興券ではなく有力者にお金を配るだけだったら市役所の現場も楽だから、そうやって欲しかったでしょう。

でも、困っているのは多くの市民なのだから、たくさんの市民が実際に助かるようなことをしなければなりません。ガソリン代の高騰では確かにタクシー会社も困っています。しかしガソリン代の高騰の結果、物価が上がったために、買い物に行って財布とにらめっこするのは市民なのです。1人3000円分の地域振興券でも家族5人なら1万5000円になります。買い物で助かるのだから、絶対に市民はその地域振興券を持って買い物に行きます。

さっき言ったように買い物のときにタクシーを使うかもしれません。そうしたらタクシー会社も儲かります。

私は市役所で「職員は市民のためにちゃんと汗かくのが誇りやろ。それがわしら、税金で食わせてもろとる人間のやることや。市民から『ありがとう』とも言ってもらえるやないか」と何度も話しました。

藤井　地域振興券の結果はどうでしたか?

泉　市民には大変喜ばれました。だから市役所の職員の多くも手間暇かけて地域振興券を配ってよかったと思っているはずです。

タクシー会社の社長はもちろん、タクシーの運転手も喜んでいます。

藤井　タクシーのお客さんがかなり増えたわけですね。

泉　あのタクシー会社の社長も私の次の市長選では応援してくれました。

出店ラッシュで商店街からシャッターが消えた

泉　お金が落ち始め、人口も増えて明石の商店街は変わりました。

藤井　商店街の直接のプロモーションもしたのですか。

泉　プロモーションと言うか、商店街の魚屋では、地場の漁師と組むなどして独自にいろいろなイベントも実施しています。

それに、出店ラッシュそのものが商店街のアピールになっているのではないでしょうか。私が市長になったときは空き店舗ばかりという状態だったのが、さっき言ったように5年くらい経ったら出店ラッシュが始まりました。市民が商店街に行くたびに新しい店舗を目にすることになるので、それが刺激になって足を運ぶ回数も増えるというわけです。

藤井　以前ならシャッター街化しつつあったのに、もうシャッターはどんどんなくなっていったということですね。

泉　そうなんですよ。人出も増えて、営業時間にシャッターを下ろしている場合ではありませんからね。

藤井　新規の店だけではなく、既存の店も新しい投資で新しくなっていくと商店街の魅力が上がります。

商店街のシャッター街化問題というのは投資が進まなくて資産が劣化していくということです。それで魅力が低下していって、さらにお客さんも少なくなる。お客さんが減るとキャッシュが回らないから、投資ができずにさらにダメになっていくのです。その結果、商店街は朽ち果てていきます。

地方の都市ではそういうぐるぐる回って悪くなっていく、っていう、ネガティブなスパイラル・ダウン（らせん的悪化）がどこででも今、激しく進んでいるのですが、明石ではそんな悪循環の流れを完全に逆に回したわけですね。

それでシャッター街にならず、より魅力的な街に生まれ変わった。

泉　市長になったときから、そうなるとずっと言っていました。でも最初は誰もまったく信用してくれなかったのです。

藤井　商店街が潤うようになったというのは、数字的に見るとどうですか。

泉　商店街のある明石駅前の通行人数が2015年の1日1万9650人から2018年には3万3115人へと1・7倍に増えました。新規出店は2015年の目標数値が年間12店、それが2020年には実績が年間29店となりました。つまり、年間12店の出店があったらいいなという目標が、実際に2・4倍の29店にまで一気に増えたのです。

藤井　駅前の1日の通行人数が1・7倍になったというのはすごいですね！

泉　人の流れがどんどん増えて、そういう人がお金を落とすから商店街が儲かるようになり、新規出店も増えていったのです。

藤井　僕らは研究で1人の来訪者と言うか、通行人1人が通ったときいくらお金を落とすかという係数を求めて、それを増やしたらお金が回るよというモデルなどつくっているわけです。通行人が増えれば確実にキャッシュが回るようになります。

泉　街の人気が高まればそこで店をやりたい人が出てきます。すると地価も上がるので行政としては固定資産税も増えるのです。実際、明石の駅前の地価はコロナ禍前に7年連続で上昇し、今また上昇し続けています。

政策実現に重要な市民への政治のメッセージ

藤井　明石市の人口の増え方はどうですか。

泉　10年連続で人口増となり過去最多を更新し続けています。

藤井　よそから明石市に移住してくるのですね。

泉　ひっきりなしに来られるんです。断る理由はありません。

実は私が市長になった12年前は、両隣は人口増だったのに明石は人口減でした。明石だけが落ち込んでいたのです。長らく続いていた人口減少傾向から一気にV字回復して、今や兵庫県で人口が増え続けているのは明石だけとなりました。しかも直近の国勢調査での人口増加率は全国の中核市のなかでも1位となっています。

まさに子育て層が明石にどんどん押し寄せて来ている状況です。

藤井　明石市の住民サービスがいいから移住が増えているというふうに、僕らは聞いていますけれど。

泉　もちろん住民サービスも大事です。けれども、非常に効果があるのはやはり強いメッセージを出すことでしょう。それで、「明石だったら大丈夫」という安心感を持ってもらえるんですよ。

実際の政策についても周りの街もけっこう明石の真似をし始めています。政策そのものはそんなに大きく違わなくなってきました。それでも強いメッセージ性があれば、明石ならまだまだやってくれると思って、依然として明石に移ろうということになります。

藤井　そこにまさに政治の力というものがあるんですね。

泉　やはり政治的メッセージは大きいと思います。メッセージを受けとる市民としても子ども政策も含めて、明石であれば誇りを持てるというのも大きいですね。

私は子育て層からは「子どものためになることをしてもらい、ありがとう」と言われます。一方、70〜80歳の人たちからは「明石にやっと誇りを持てた。死ぬまでに明石が好きになれてよかった。ありがとう」と言われます。

まさに明石市民は明石に誇りを持てるようになったのです。わが街に対する誇り、やはり憧れの街になったという意味は大きいでしょうね。

以前は神戸の隣街にすぎませんでした。明石市民は他の街の人から「どこに住んでいるんですか」と聞かれるとたいがいは、「明石です」ではなく「神戸です」と答えていました。

今や「神戸です」ではなく「明石です」に変わったのです。しかもそれに対し「あの明石ですか」と羨望の念を含んだ声が返ってきます。

藤井 なるほど。都市計画の分野ではしばしば「シビックプライド」という、地元についてのローカルな誇りの重要性が指摘されますが、そういう風に明石市民の方が胸を張って明石と言えるようになってきた、っていうことは、まさに明石市民としての「シビックプライド」が高くなってきた、っていうことですね。それは本当に素晴らしいことですね。そして、政治的なメッセージが市民に伝わることで、まちが本当によくなり、それがシビックプライドに繋がってきた訳ですが、今度はそんなふうにして大きくなったシビックプライドがさらに、明石市民のまちに対するいろんな「政治的」な取り組みを活性化して、都市をさらに発展させていくことになっていきますね。

泉 政治理念や姿勢がしっかり伝わると、市民も諦めなくても明石だったら何とかなると思うようになります。それが街の発展には大事なのです。

明石に来るのは他で所得制限にかかる中間層だ

藤井　明石の人口は数字的にはどれくらい増えたのですか。

泉　5％です。

藤井　5％ですか。30万人で5％は1万5000人ですね。この人口減少の時代に、それは素晴らしいですね。そうなると例えば、1万5000人分のマンションがいりますよ。そういうマンションはどういうところに建てるのですか。やっぱり都心部の鉄道の駅周辺の開発が進んでいるんでしょうか…？

泉　じつはそうでもなくて、明石だともうどこでもいいという状況なのです。市域が狭く高低差も少ないのでマンションにも戸建てにも向いていて、明石のどの地域も全部人口が増えています。

私なんか、いちばん西の端の少し不便なところに実家があります。そんな「大丈夫かいな。こんな場所で」というところでも人口が増えているんです。

藤井　人口増は当然、地価も押し上げます。

泉　明石の土地の実勢価格は私が市長になり跳ね上がりました。それこそ2022年の中古マンションの値上がり率のベスト10では、首都圏が9つなのに首都圏以外の市区町村で入っているのは明石市しかありません。

藤井　1万5000人の新しい人が来て、彼らが年間1人当たり200万から300万円の消費をするわけですね。

泉　そうですね。しかも明石市に来るのは「中の上」の層ばかりなのです。経済的貧困層ではありません。その点を勘違いしている人がいます。明石市民になるのは中間層が多いので、世帯の年収は600万〜700万円くらいの水準です。結婚しても多くは男女ともに働き手という世帯になっています。

他では所得制限を条件に保育料無料とか給食費無料というところが多いのです。隣の神戸にも所得制限があります。となると年収600万〜700万円世帯は所得制限の対象になるので、保育料も月5万〜6万円かかるのです。

しかし明石は取得制限が一切なくて保育料も完全無料なので、年収600万〜700万世帯でも明石では保育料がゼロになります。つまり、神戸から明石に引っ越すだけで中間層なら60万〜70万円得するのです。可処分所得がそれだけ増えます。中間層には明石に来るメリットが大きいのです。所得制限にかからない世帯は、神戸から明石に来るメリットはあまりありません。

そのあたりも踏まえ、私が明確にターゲットとして狙ったのは中間層です。具体的には、もともと明石にご縁があったのに阪神間や大阪で暮らしていて、子どもが1人いる世帯です。子どものいる3人暮らしの世帯を狙って、そこに向けて2人目の子どもが生まれる手前で明石の政策をアピールするのです。すなわち、第2子以降を無料化して、「こっちの水は甘いぞ」と誘導する政策を実施しました。

藤井　逆に言うと、近くに神戸市という大きな人口供給源があったから成立し得た効果的政策だったと言えるわけですね。

泉　そうです。おかげで出生率も上がっています。国の合計特殊出生率は1・26と過去最低となりましたが、明石は2018年1・70、直近も1・65だから、いずれにしても他よりは高いんです。明石だったら2人目、3人目を産めるという形になっているのがやはり大きいでしょう。

藤井　人が増えて街が賑わえば、明石市の税収増にも結びつきますね。

泉　まさに好循環になりました。人口も増えて地価も上がりました。中間層の明石市民は個人市民税を払う層でもあって、この層はだいたいローンを組んで戸建てやマンションを買うのです。当然、建設ラッシュが続いて建設業界もずっと忙しくなります。

　こうして個人市民税が増え、土地の値段が上がって固定資産税も土地計画税も増え、商売も儲かるので法人市民税も増えるということで、明石の税収も上がっています。

　地域経済が回っていくと地方自治体の財政もよくなるので、明石市の財政も好調なのです。それが新たな政策の展開につながっていきます。市長は政治家であるとともに自治体経営者でなければなりません。持続可能な地域になるように地方自治体を経営することが非常に重要な首長の役割、責務なのです。

第2章

国民を必ず豊かにできる経済政策

コミュニティバスの乗客増には経営が不可欠

藤井　僕は、「日本モビリティ・マネジメント会議」という行政や実務、学者たちがあつまって地域公共交通の問題を考える団体の代表理事をやってるんですが、そこでコミュニティバスの問題を取り上げたなかで、「Ｔａｃｏバス」という愛称の明石市のコミュニティバスが非常に優れていることを知りました。

民間のバス会社が運行しないというので、市役所などがすごく支援して各地でコミュニティバスを動かしています。しかし、だいたいお客さんが乗りません。それで赤字をいっぱい出してしまっているところがほとんどなのです。

泉　全国的にはコミュニティバスはどこも赤字、赤字で大変ですね。

藤井　もう地方自治体のお荷物扱いされてしまっている例は少なくありません。ところが、Ｔａｃｏバスはお客さんが１００万人を超えて、なお増えているそうですね。

泉　全国の大きな課題の１つがまさに地域の足の確保ですし、交通が活性化するのは街が活性化する重要なポイントだと思います。それに、政治というものはどれか１つではなくて、あれもこれも全部を適時適切に実行しなければなりません。交通も含めて総合的にやってこそやはり街が発展するわけです。

Ｔａｃｏバスは今、明石市内に15路線走っています。お客さんがずっと増え続けていて、経営も改善してきています。

藤井　それが珍しい。すごい事例だと思います。

コミュニティバスは民間事業ではないから、市民のいろいろな意見を聞いた結果、「ここを通って、次にここを通って」となり、路線がスパゲッティのようにグニャグニャしながら長くなってしまう。それで結局、遠回りになって目的地に着くまでけっこう時間かかるため、誰も乗らなくなっているのです。だからコミュニティバスは全国で死屍累々の状況です。

そのなかでＴａｃｏバスはものすごくお客さんが乗っている。全国でも真似しなければならない優秀な事例の１つになっているわけです。

こうした成功の理由は、一体どういうところにあるのでしょう?

泉　経営を成り立たせるには合理性は大事です。コミュニティバスも当然ながら経営を成り立たせるには、きちんとお客さんに乗ってもらわなくてはいけません。

そのために明石市では、お客さんのニーズを把握して路線を見直すことを毎年やっています。見直しのなかで、お客さんが少ない路線があったら廃止します。別の道でニーズがあった場合、実験をやって試行錯誤しながら、そこに路線を設けることも行います。こういうことは民間だとなかなかやりにくいから、むしろ行政の強みだと言えるでしょう。

ただし赤字になりそうでも、一定のニーズがあって必要なら路線を設けることもあります。それもコミュニティバスの1つの役割ですから。

藤井 しかし他のコミュニティバスでは、市民の要望が強いため不必要な路線でも維持しているところが少なくありません。

泉 子どもの政策でもコミュニティバスの政策でも、他の政策も、政治決断ということでは一緒なんですよ。声の大きな市民に気を遣って不合理なバス路線を設けてはいけません。本当のニーズに合わせた決断をすることが大切です。

藤井 コミュニティバスに限らず、公共交通の経営がうまくいかないとき、経営能力の高い民間企業と組むというのも有力な手でしょうね。

その1つに、僕らも公共交通の支援で関わった京都府の事例があります。北近畿タンゴ鉄道という日本でいちばん赤字が多いと言われている会社がありました。その立て直しに関し、京都府がいろいろ考えた挙げ句に決めたのが、ＷＩＬＬＥＲという、ここ最近急速に業績を伸ばしてきた交通会社に運営で協力してもらうことでした。その結果、経営がうまく前に回り出したのです。

もう1つが和歌山電鐵貴志川線です。ここも赤字で死にそうな路線でした。それで地元の関連の地方自治体も「経営への協力をもうやめる」と言い出しました。しかし地元の自治会が頑張って支えることになり、そのときに岡山の公共交通を運営している有名な経営者を連れてきて、何とか経営が持ち直したのでした。

こうしたことからも、公共交通でもやはり経営能力は非常に重要です。

泉　行政の人々は経営が苦手だと言われています。それでほとんどのコミュニティバスもうまくいかないのでしょう。しかし市長は自治体の経営者でもあるわけだから、経営には積極的に関わるべきなのです。

Ｔａｃｏバスも路線の見直しなど経営面で努力してきたお陰で、お客さんがたくさん乗ってくれるようになって収支も改善してきました。逆にお客さんが減ったら赤字になると、より多くの税金を使うことになってしまいます。悪循環です。

藤井　完全に悪循環ですね。

泉　Ｔａｃｏバスのお客さんを増やすために、Ｔａｃｏバスのイベントを行ったり、可愛らしいマークやイラスト、さらにＴａｃｏバスの歌もつくるなど、もうありとあらゆることをしました。Ｔａｃｏバスの歌は市民の間でよく歌われています。

藤井　そういうのを子どもは喜ぶでしょうね。市民に愛されて乗ってもらってこそ、Ｔａｃｏバスの必要性も高まり、運行の収支も改善します。Ｔａｃｏバスという愛称もいいですね。

泉　明石はやはり天然ダコの名産地ですから。

藤井　名物の「明石焼」に入っているタコは、プリプリして美味しいですよね（笑）。

政治家はキャッシュフローの滞留率を考えない

藤井　ところで、泉さんの話を聞いていて改めて感じましたが、まちづくりにおいて大切な事をマクロ経済的に言うと、お金のキャッシュフローが、その地域に「滞留」するパーセンテージがすごく大事だ、っていうことなんです。例えば、京都で1万円の買い物をしたとしても、そのお店が地元の商店街のお店じゃなくて、大型スーパーだったりすると、本社が東京にあったり、商品の仕入れ元が京都市内じゃなくて、全国各地に散らばってたりします。だから、その1万円の多くの部分が京都以外の地域に「流出」してしまって、京都市内に「滞留」する割合が減ってしまう。そんな視点で、これまで大学の研究室で、その地域に滞留するお金、近隣地域に流れるお金、日本全国に流れるお金、そして海外に流出してしまうお金、のそれぞれが何パーセントなのか、ということを推計する研究をいくつかの地域で行ってきました。

すると、例えば地元の商店街でお金を使うとおおよそ50％以上が地域に滞留する一方で、全国チェーンの大型スーパーなどで使ってしまうと、それがもういきなり10％台に減ってしまったりするわけです。だから、地域経済の活性化を考えるなら、皆が地元資本のお店でお金を使うケースと、皆が全国規模のチェーン店でお金を使うケースとでは、地域経済の状況が全く変わってくるんです。同じ地域でもお店の種類が違うだけで経済効果が全然違うわけですから、よその地域のお店でばかりお買い物をするような状況では、地域経済の疲弊はより顕著になるのも当たり前です。

つまり、それぞれの自治体の行政で、それぞれの自治体を活性化させたいと考えるのなら、その自治体の人々がどこでお金を使うのか、ということをしっかりと考えることが極めて重要なわけです。
ところがこの問題に配慮している自治体を、僕はほとんど見たことがないです。そんな中、泉さんがやられた明石市の取り組みは、その点から考えると経済政策的合理性が高い取り組みだったんじゃないかと思います。
泉　明石市ではコロナ禍で地域振興券を5回配っています。最初は市内でも地域振興券が使える事業者は500店くらいでした。もう直近は1200店になっているので、ほとんどの店で使えます。
ただしイトーヨーカドーなどの大型スーパーや全国チェーンのコンビニでは地域振興券を使えないようにしました。そうすれば地域のなかでお金が回っていきます。
藤井　やっぱりそうされたんですね。それは素晴らしい。先程お話ししたように、大型スーパーやコンビニにお金が流入してしまうと、結局はそのお金は明石に滞留せず、明石以外にどんどん流出してしまうわけですからね。
泉　それに加えて、タクシーにも落ちるという形によってお金を回すことを考えました。それで市民の98％くらいが地域で地域振興券を使っているから、生きたお金になるのです。
藤井　まさに、その「生きたお金」という言葉の「生きている」というレベルは、専門用語で言うところの「乗数効果」の「乗数」というものですね。乗数効果っていうのは、政府が例えば1億円使ったとき、その経済効果が例えば3億円に拡大したら、乗数効果は「3」ということになります。逆に、8000万円程度しか経済効果がなかったら、乗数効果は「0・8」となります。つまり、泉さんがお考えになった「どうせお金を使うなら、できるだけ生きたお金にしていかなきゃならない」という考えは、経済学的に言うなら「できるだけ高い乗数効果を生み出さなきゃならない」という話になっているわけです。

で、この乗数効果というのは、実は、先程から申し上げている、「お金の滞留率」に直接依存してるわけです。滞留率が高ければ（逆に言うなら、外部への流出率が低ければ）その地域経済に対する乗数効果は自ずと高くなる。だから、生きたお金の使い方をしたい、ということなら、必然的に滞留率が高いお店への出費を奨励していくことが必要になってくるわけですから、地元の商店街やタクシーで使えるようにする一方、大型スーパーやコンビニでは使えなくする、という方法は、地域振興策として極めて合理的だ、といえるわけですね。

さらに言うと、地域振興券だとまずはその出費が1回、消費者から事業者（つまりお店）にお金が流れます。例えば10億円地域振興券を用意したとするなら、これでその地域のG

DPが10億円押し上げられることになります。

ちなみに、GDPが国の経済成長であるのに対して地域のGDPは一般に、「GRP」と言います。GRPを考える場合、その地域「外」にどれだけのマネーが流出したのか、というところがポイントになる、というわけです。ですから、例えば地域振興券が10億円分使われたとしましょう。そうすると、そのうちの一部は明石外に流出します。この割合がおおよそ4割だとすると、残りの6割が明石市内に滞留し、明石市内の誰かの所得がその6億円分増えるということになります。

ただし、こうして6億円、明石市内の皆さんの所得が増えたとして、その増えた分のうちの5億円が明石市内で使われたとすると、ここでまた、明石のGRPがさらに5億円増えるということになり、最初に10億円増えた分と併せて、全体で15億円分GRPが増えたということになります。

さらに、こうして明石市内で使われた5億円のうちの6割の3億円が明石市内に滞留し、明石市内の誰かの所得になります。こうしていったん10億円のお金が明石市内に注入されると、域外に少しずつ流出しながら、明石市内でお金がぐるぐるまわり、最終的に20億円弱のGRPが増えるということになります。つまり、明石市役所は、10億円のお金を地域振興券を通して明石市内に注入すると、その倍近くの20億円弱の地域振興効果をもたらすことになるのです。

これはもうもちろん、明石市民にしてみれば、嬉しい話です。明石市の人々や企業の皆にとっておカネが儲かる話なわけですから。

ところが、その10億円の地域振興券を大手スーパーやコンビニなどでも使えるようにすると、市外に流出するお金が増えてしまい、20億円弱もの効果が得られなくなります。同様に、その10億円を明石市内にある大企業にばらまいてしまうと、大企業は明石市外との取引も大きいですからさらに効果が薄れ、明石市民の所得増加効果はもっと限定的になってしまいます。

こう考えると、地域振興を図る上では、「お金をどうすれば地域に滞留させることができるのか？」という事について様々な工夫を凝らすことが大切だということがわかるのですが、今の政治家たちはそれをやりません。地元の商店街などに目もくれず、外資を呼び込んでニセコみたいな大規模リゾートを開発させたり、多くの自治体が手を上げているカジノ投資を外資に依頼したりすると、一見派手派手しくはありますが、だからといって、地元の人々の所得は上がってはいかないのです。

なぜそんな愚かな事になるのか。その理由は第一に、有り体に言えば「馬鹿」だからという可能性もありますが、それとは別の第二の理由としてに、地元に対する「愛」がないという可能性もあります。実際には、この双方の理由があるケースが多いのだと思いますが、要するに簡単に言うなら、十分に賢くないからどうやったら地域振興ができるのかいまいちわからないのみならず、地域に対する愛が不足しているが故にそもそも地域振興したいという思いそのものが薄く、どうやったら地域振興ができるかを真剣に考えてすらいない、というのが平均的な地方行政における政治家の姿であるように思います。実際僕はそういう風にしか見えない政治家たちを何度も見てきましたが、そういうのを見ていると、本当にイライラする他ありません。

一方で、泉さんのお話を伺っていると、そういう政治家たち、というか政治屋さんたちと根本的に違うように感じるんですが、ご自身ではどういうところが違うのだと思われますか…?

泉 そこは非常に大事なポイントで、政治家の立場だったら、どこを向いて政治をするかということです。

本来なら政治家は有権者のほうを向いていなければなりません。しかし首長はどうしても選挙を意識して有力者を気にします。そのため国から役所にお金が下りて来ると、「あのお金が来たやろ」と、有力者である会社の社長に言われて、その社長にダイレクトにお金を渡すのです。それで感謝もされるし、選挙対策にもなると思うんでしょうね。

マーケティングをやらない行政には愛がない

藤井　なるほど、やはり選挙で勝たないと続けられない、っていう話が、政治家を政治屋に変える重大な契機となっているんですね…。でも本当に今の政治は、「有権者」の方を向いてるのじゃなくて「選挙で勝つ」だとか「今の党内の役職をクビにならないようにする」だとか、自分の方を向いて「保身」の事ばっか考えている、という姿を、毎度毎度いろんな行政、政治の現場で、絶望的な気分で眺め続けてきたように感じています。

例えば、20～30年、行政の仕事をお手伝いしてきた僕からすると、いちばんのボトルネックと言うか問題点の1つは、行政はマーケティングをまったくやらないということなんですが、それも結局、行政というか政治が有権者、つまり「市民の方を向いていない」というのが根本的な原因だといつも感じます。

例えばバス路線を新たにつくったとか、地下鉄をつくったとか、街づくりをやったとかした時、本当にそれを通して有権者の皆さんに幸せになってもらいたいと思えば、それをつくるだけじゃなくて、そうしたインフラをしっかり多くの人に知ってもらい、しっかり使ってもらうようにするのが絶対必要です。例えば土木系の技術者だといい物や便利なものつくったらそれでいいとだけ思う傾きはありますが、本当はそれだけじゃダメで、行政全体、政治全体を見据える立場にある人なら必ず「つくる」だけでなく「つかう」ところにも思いが至る筈なんです。

僕はずっと社会心理学やマーケティングの研究もやってきましたが、そんなのは当たり前のことなんです。テレビなんて、経済学的に言えばそんなマーケティングのためだけに存在するものなんですから、それくらい、製品やサービスを提供する民間企業にしてみれば、マーケティングというものがめっちゃくちゃ大事なものだという事になってるんです。だけど、行政はマーケティングを蔑ろにしている、そんなの絶対おかしい。だから絶対にマーケティングを行政に入れていかなけりゃいけないと思い、例えば公共交通の分野では、「モビリティ・マネジメント」という行政用語をつくり、「交通の行政や事業におけるマーケティングの実践」を拡大しようと努力してきました。

そんな活動の中で、「日本モビリティ・マネジメント会議」っていうのを国交省や各自治体の交通担当部局の人たち、学者、コンサルタント、交通事業者らと一緒につくって、今年でもう、18年目になりますが、交通においてマーケティングをしっかり導入した上で、事業や行政の展開をしようということの現場普及活動を続けています。

で、そのうちの優良事例が、泉さんがやられたTａｃｏバスの事例だったというわけですが、なかなかそういう優良事例が広がっていかない。やっぱり、マーケティングの重要性、お客さんを増やしていくという資本主義市場の民間企業ではあったりまえの話がどうしても行政では広まらないからです。その点、泉さんにはマーケティングの発想があって、素晴らしいと思ったのです。

で、なぜ行政でマーケティングが広まらないのかと言えば、これまで習慣的にやってこなかったから、というのが、なんとも馬鹿馬鹿しい理由ですが、これが最大の理由になっている。だけど、ちゃんと市民の方を向いて仕事をしていれば、習慣的にやってこなかったことであろうがなかろうが、必要なことは必要なことだってことで絶対にやろうとするはずなのに、それをやらない。

泉　政治というものは本来、結果責任だから、「ここまで頑張ったから」ということではなくて結果で評価されなければなりません。民間の企業は結果を出さないと潰れます。しかし公の役所は結果が出なくても潰れない。そこに甘えていてはいけないのです。

政治家も口では結果責任と言いながら、本当にそう思っている人は実はあまりいなくて、結局、多くがやったフリとか自己満足で終わっています。

政治家のほとんどは、行政のお客さんは市民だから市民満足度を高めないといけないのに、それをやろうとしない。行政サービスのリピーターが生まれないとその政策はダメだ、という発想もほぼないんですね。

藤井　ホントにそうですね。そこまでちゃんと責任を持って行政をやろうとすると、必ずマーケティングの要素が入ってくるはずなんですが、それをやらないということは、やはり行政には住民、市民、国民を愛している人が少ないからだと思います。つまり、「市民」の方を向いて市民の暮らしが良くなっていくことを真剣に考えれば考えるほど、前例がないからなんていう馬鹿馬鹿しい理由をいくらでも飛び越えられる筈なんです。っていうことは結局、Ｔａｃｏバスのようなマーケティングを重視した取り組みが行政でいまいち広がらないのは結局、今の行政が真剣に「市民」を向いて仕事をしてるんじゃない、っていうことの間接的な証拠になっていると思うんですね。だからこそ、行政において何よりも大切なのは、その対象である市民に対する愛を持つっていうことなんだと思うわけです。

泉　政治に愛は必要です。愛があれば優しくなれます。私は、子どものときから明石を優しい街にしてそれを明石から全国に広げたいと思っていました。今の立場では私はその途中にいます。

けれども、明石の街を優しくするにはどうすればいいかというとき、「優しくなってください」と口で言っても人は優しくならないことはわかっていました。だから市長に当選してからは、優しくなってもらえる政策を展開したのです。それが事業者に儲けてもらう政策にほかなりません。人は自分が潤えば他人にも優しくなれるのです。

藤井　市長には大きな権限があって議会とも交渉できるから、市役所の制度や慣習だって変えられるわけですよね。

泉　そこはそうで、ありがたいのはやはり地方自治は大統領制に近いので、市長には一定の権限があります。だから予算編成もできるし人事政策も打てるから、明石市長として子ども予算を2倍以上に増やせたし、子どもに寄り添う職員数も3倍以上まで増やすことができました。

だから市長は、口で言うだけではなく、しっかりと権限を行使しなければなりません。

また、政策を実行するためには絶対にお金と人がいるのです。逆に言うと、お金と人をつくるのが政治です。ちゃんと予算を付け替えるなり重点化し、それに必要な人材をしっかりと配置する、これが政治だと私は思います。

国家においては総理大臣もこの2つの権限を持っているので、やる気になったらほとんどの政策がすぐできるはずです。

藤井　日本以外のG7の国々なりヨーロッパの国々というのは、コロナ禍のときに、ロックダウンがかかった直後、1週間とか10日とかで国民に支援金を振り込んだんです。実際、アメリカと日本に同じテナントを持っているオーナーの方が「ニューヨークでは支援金が驚くほど早く振り込まれた。でも日本政府はずっと何もしてくれなかった。もう政府が全然違うよ」と言っていましたね。この話からも、外国政府と日本政府の国民に対する愛の大きさには雲泥の違いがある、っていうことがわかりますよね。

政治の優先度づけで容易になる予算のやり繰り

藤井　ところで、行政を大きく展開しようとすると、どうしても予算の話がついてまわりますよね。そのところについて是非お話、お聞かせ願えないでしょうか。

泉　明石市では先に紹介したように、子ども予算を125億円から297億円へと増やしました。2・38倍です。しかし一切、増税はしていません。

藤井　そうそう、そこのポイントについて是非お伺いしたいのですが、その「2・38倍」にするときに「財源どうするねん」という議論が必ず議会とかでも出てきたんじゃないかと思うんですが、そこはどうされたのですか。

泉　優先度を決めれば意外と簡単なんですよ。私は市長を12年間やっていたなかで、端的に言うと1年ごとに10億〜20億円ずつシフトしていったわけです。

逆に、例えば医療費の無料化だったら、かかるお金が10億円だとすると、市役所の財政当局に「悪い。来年、景気が落ち込んで10億円税収が減ったと思ってくれ。もう忘れろ」と言って、10億円を医療費に持ってくるのです。「後は残ったお金で調整してくれ」とお金のやりくりを指示すれば、財政当局がやってくれます。

藤井　なるほど、そうなんですね。10億〜20億円ずつを12年間やったら、それは200億円ぐらいは増えますからね。

泉　これに対し、国はお金を刷れますから、そんなことをする必要はないでしょう。一気にお金を刷っておいて、いったん国債で発行する手もあります。いろいろな方法があるので、本当は地方自治体よりも国の方が予算のやり繰りは楽なはずです。

藤井　そこは絶対そうですね。ただ、地方自治の場合はなかなかそういう方法をとることができない。でも、例えば明石市の場合、10億円ずつを仮に減らすとしても、予算全体からすれば一部の金額ですから、大きなダメージを与えることを避けつつ、ある種の「政策の最適化」が行われることもあるでしょうね。やはり行政上の変化は「急激な改革」でなく、「漸次的な改善」であるべきですよね。そうでないといろんな弊害が起こって最適化なんて絶対無理、ということになる。でも、漸次的な改善を目指せば、皆が少しずつ工夫を重ねますから最適化と呼べる方向に変化を促していける可能性が高まる。この点は「行政改革」なんかでは絶対に大事な超重要事項なのに、ほとんど知られていない真実ですね。

泉　そうなんですよ。これまで私は「無駄遣いだ」と言いすぎたから、批判も受けてきました。今は「無駄遣い」とは言いません。要するに、しないよりもしたほうがいい政策ばかりということなのです。となると、無駄ではなくて優先度が大事になります。

優先度を考えると、「その政策をするのに他に方法ありませんか」「それは急ぎますか」「ちょっと待てますか」という形で、スケジューリングを若干ずらすだけでも全体の予算額を減らすことは可能なのです。

明石市では、徐々に予算をシフトしていったので、インフラ整備もきちんと適切にやってきました。子ども政策に力を入れたからといって、他にしわ寄せが行くことのないよう、全体に目配りしながら効果的な市政運営を続けてきたのです。

学校関係の維持管理業務の一括化で合理化する

藤井　これまで子ども対策やバスの運営など、どちらかというとソフトな政策についてお伺いしましたが、ハードインフラについては、明石市ではどういう取り組みをされたんでしょうか。

泉　学校関係の維持管理業務がバラバラだったので、その不合理さを除くために学校関係の維持管理業務を一括化して行う部署を、市役所の中につくりました。これで明石市は文部科学省から表彰されました。

藤井　一括ということは1つの学校だけじゃなくて複数の学校の維持管理業務を1つの部署で担当するようにしたのですね。

1つの学校の構造物が1個だけだったら何もしなくてもいいときがあるし、担当する人材のほうも1人が1個の面倒を見ると暇なときが出てきます。

しかし10校の合計10個の構造物の面倒を一括して、しかも長期的に見ると合理的です。だから、維持管理を一括でやるというのは極めて重要な取り組みなのに、多くの自治体では、行政上の単年度主義をとっていてて、なかなかそれができない、というのが実態なんですよね。

泉　そうなんですよ。毎年、決まった量の維持管理の仕事が発生するというわけではないので、役所の単年度主義には向いていません。

藤井　維持管理というのは単年度でやるものじゃなくて長期的に一括し全体でやるからこそトータルの出費が最小化できるのです。アセットマネジメント（投資として不動産の形成や運用、保全を行う業務）というもので、学校も橋梁も構造物ですから、単年度主義じゃなくて複数年度主義でやったほうがいい。

泉　一括でかつ全体でやったほうが、担当者は常駐できて対応も速く済みますからね。

藤井　そうですそうです。アセットマネジメントはできるだけ集約して、なるべく長期化したほうがいいんです。

泉　学校関係の維持・管理業務を一括化してすべての日常管理を含めた維持管理を行ったのは明石市が全国初で、これは現場の発案でした。
傍からは今でも私はトップダウン的だと見られています。実際、最初はトップダウンでやったことが少なくありません。けれども次第に市役所の職員が自ら発案して仕事をするようになってきました。それで担当職員が全国初のことを当たり前のようにし始めました。市役所も組織として非常に大きな変化を遂げたのです。

国民を豊かにしてこそ国の経済も豊かになる

藤井　なぜ政治家が実のある政策をやらないのか。その政治家が1つは「馬鹿」である。もう1つは愛がないからと申し上げました。
とはいえもちろん、「馬鹿」ではない政治家もたくさんいるわけです。例えば東大だけでも毎年2000～3000人を世の中に輩出しているわけで、彼らがそんな単純な「馬鹿」とは言いがたい筈、です。だけど彼らはまるで「馬鹿」のように振る舞ってしまっている。

じゃぁ、なぜそうなのか。先程申し上げた話を改めて別の言い方で申し上げるとすると、結局、政治家が本来持つべき愛を市民あるいはその地方自治体に対して持っていないところが問題だ、っていうところに深刻な問題があるのだろうと思います。じゃぁ彼らの愛はどこに向かっているかと言うと、「自分」や、せいぜい「家族」にだけに向かっていると解釈せざるを得ないのだろうと思います。結局、自分の保身だとか、自分で面倒くさいことをやりたくない、といった気分や雰囲気が残念ながら蔓延しているところがある。

本来、そんな人は政治家をやったらいけないのであって、政治家は国民なり市民なり住民なり地方自治体なり共同体なりを愛することが、本来、求められる最大の資質な筈です。にもかかわらず、それが欠けています。

賢いだけで愛は自己愛しかない、ということだったら、例えば、政権中枢の人たちは結局、自分の政権延命のためだけにいろいろな権力を使うことにしかならない。今の岸田内閣の様々な政策展開を見ていますと、残念ながらその典型になっていると判断せざるをえないのではないかと思います。ただしそれは岸田内閣だけがそうなのではなく、実は多くの地方自治体もそういうことになっているとしか思えません。

ところが、泉さんのような政治家としての市民に対する「愛」があれば、そのことのためにどうしたらいいだろうかと考える、ということになるんだと思います。政治家の世界のなかには、もともと賢い人も少なく見積もっても半分ぐらいいるのだとすれば、後は市民や地域や国に対する「愛」さえあれば、彼らは絶対に泉さんのような答えにたどり着くはずなんだと思います。

それなのに、そういう方はほとんど出てこない。賢い方たちがこんなにいっぱいいるにもかかわらずに、泉さんのような答えにたどり着かないのは、国民や市民をやはり愛していないからだと、解釈せざるを得ません。

最初に泉さんにお目にかかっていろいろとお話をお伺いしたとき、お取り組みの全てを存じ上げている訳ではありませんが、明石に対する深い思いを感じます。

泉　私は国会議員も市長もやって、いろいろな政治家を見てきました。本来、政治と行政が誰のためにあるかと言えば、市井の人々、市民、国民のためであって、市民に困り事があればそれを緩和するとか、経済が停滞しているならちゃんと動かすとか、普通に考えてやればいいだけの話なのです。

藤井　もし仮にその人に愛があるにもかかわらず　なすべき振る舞いができないのだとしたら「馬鹿」ということになりますね（笑）。

泉　私からすると藤井先生はすごく合理的な方で、本当に普通のことを普通に考えて普通に判断しているだけです。その藤井先生が、若干変わった人だと見られるのは周りが変わっていすぎているからですよ。

藤井　（笑）。

泉　藤井先生は何事においても、経済理論においてもそうだし、コロナ禍のときもそうで、基本的には普通に考えて普通の答えを言っている。しかしそれが珍しいことと認識されてしまう。政治家がどちらを向いて仕事をするか、官僚がどちらを向いて仕事をするか、学者がどちらを向いて物を考えてしゃべるか、マスコミもどちらを向いて報道するか。どれもフリはしていても本音のところでは、自分たちの保身や出世、利益しか考えていないとしか思えません。

もっとも、私も「利益を上げるな」とは言わないですよ。目先の一時の利益ばかりを追っているから苦しいんであって、他も経由して回ってくる本当の利益にしないと長続きしません。

少子化が進んだら経済も停滞するんだから、それで国民は苦しみ、だんだんと貧乏になっていきます。貧乏を恐れる国民が、お金を使おうとするはずありません。

藤井　そこで、やはり「安心」が必要ですね。国民が「安心」すれば経済ももっと回っていきます。

泉　とにかく政治が国民に安心を提供し、お金を使っても大丈夫な状況にすれば、国民もお金を使うようになります。お金が回って初めて経済も回るのだから、逆に締めていったら経済はだんだん冷え込んでいくだけです。今はそんな悪循環に入っています。

藤井　まったくその通りですね。

泉　国民を豊かにしてこそ経済は豊かになるのです。国民を貧乏にしながらタコが足食っているような形でやったら足がなくなります。そんな自分の首を絞めるようなことを日本の政界、官界、経済界はやっているのではないでしょうか。マスコミも同じだと思います。

藤井　例えばＴａｃｏバスの話でも、コミュニティバスを地方自治体が運営しようとすると多くの自治体で、市民の声を聞いて、その市民のためにバス路線をつくります。つまり民主主義的に路線を決めてしまうわけです。一見そう言えば良いことをやっているように見えますけれども、そんなことをやったら結局、路線の合理性が失われてしまって、誰も使わないような路線になってしまって、結局、皆損してしまうことになる、というのは先程指摘した通りです。だから、そこに思いが至るためには「愛」だけじゃなく「賢さ」も必要になるわけです。

皆さんのお話をいったんお伺いするんだけど、皆さんの最大限の幸せを実現させてあげようとすると、一定程度は市民の声をあえて完璧に聞かないようにして、合理的な計画を立てなければならない。民主主義によって市民の気持ちは酌み取る一方で、利益を出すためには意見をそのまま実現するのではなく、行政官としての合理性を追求して路線を敷く。つまり、愛だけでもダメで、賢さだけでもダメで、その両者を徹底的に追求してはじめて、市民の幸福にとって必要な行政が展開できるようになる。

同じように、例えば10億円のお金が国から来たとき、それを現金で配ってしまったらマクロ経済的に非常に不合理なことになってしまいます。だからこれも、いろいろと意見は聞いても、合理的なお金の流し方を行って、全体の資金のパイをさらに増やしていく、という形で、愛と賢さの双方を徹底的に追求し、その両者を共に満たすことができる選択肢を選択していくことができるわけですね。

地域の貨幣を発行して経済を回すという発想

藤井　ところで、首長には予算を決める権限のほか地方債を出す権限もあります。しかし地方債は国から首根っこを押さえつけられていて、なかなか出せませんね。

泉　地方債の発行で国の許可を取るのは本当に大変なんです。

藤井　地方自治体も簡単に地方債を出せれば、政策の優先順位にあまりこだわらずにいろいろな政策をいっぺんに実行できるのに……。

その点、国はやりたかったら国債をいくらでも発行できるわけです。鬼に金棒にも拘らず、国債の発行を渋っていて、僕はもう何を考えているんだと頭に来ます。

また、国は貨幣の発行権も持っているので、積極財政と緊縮財政の議論があったとしても、皆が円を欲しがっているんだから、日本銀行とアコードで連携しながら、どんどん貨幣を発行すればいいわけです。

しかし、さすがに地方自治体には貨幣の発行権はありませんから……。

泉　実は私は明石市で、タコマネーという名前の明石貨幣をつくろうと思ったのです。

タコマネーの話を切り出すと、職員は皆もうびっくりして「ええっー」という声を出して、「通貨を発行すると捕まりますよ」と言う者もいました。

私は「捕まらへん。かまわん、そんなもん」と言い返して、「次のボーナスはタコマネーで払ろたる。1割、増やしたる。ボーナス1割アップや。ただ使えるのは明石限定やけどな。タコマネー発行しようや」と提案したのでした。

藤井　それは素晴らしい！行政の仕事はその地域の経済を活性化して、人々を豊かにしていくことですから、行政のサイフばっか見て、増税繰り返して「おカネ」を吸い上げまくるんじゃなくて、長期にわたってひとびとの利益が毀損してしまわないことを前提にして、何らかの形で「おカネ」を人々に供給していくことは極めて重要ですよね。で、周りの方々の反応はいかがでしたか？

泉　職員は「ちょっと論点整理を」と答えたので、「論点整理をせい」と言って任せました。でも結局、論点整理はしなかったですね。

そもそもタコマネーは、明石でしか使えませんからね。でもボーナスとしても払えると考えたんです。その点では、タコマネーは地域振興券よりも汎用性があります。しかし皆はタコマネーには冷たかった。

藤井　そうですか。あまりにも既往の行政からはかけ離れてるので、その有効性や素晴らしさを理解できる方が周りに少なかった、っていうことでしょうね…。でも、先例がどれだけなかろうが、明石に対する愛が深ければ、先例なんて度外視して明石にとって必要な取り組みについて必死になって考えるでしょうから、俄に賛成できないっていうのは、究極的に言うなら明石に対する愛がそこまで深くない、という風に言えるかもしれませんね…。

泉　私は真剣に自分で市役所の印刷室で貨幣をバンバン刷ろうとも思いました。それも止められましたが。

藤井　刷れるものだったら刷ったらいいです。

泉　何か知恵を出して経済を回したかったのですよ。先に述べたように、商店街はやたら「アーケードをつくれ」と言う。しかしきれいなアーケードをつくったからと言って、お客さんは来ないのです。店で物を買ってもらえなかったら困ります。

お金が回るのが経済なので、やはりお金を使えるようにしなければなりません。それには正式な通貨を刷るのがいちばんでしょう。けれども正式な通貨は地方自治体ではつくれませんので、知恵を絞ってタコマネーを発案したんです。

藤井　そうなんですね！　だったらそん時に相談していただければいろいろな具体的方法を考えられたのに…。例えばタコマネーでの「納税」も可能である、ということを一部だけでも認めれば、一気にタコマネーは普及したと思いますよ。市役所は、現状の支出のうち、タコマネーで支払える部分はタコマネーで支払っていけば、日本円での支出を削減する必要もないですし。場合によっては、市役所の一般会計のうち、タコマネーで支払える範囲をある程度特定し、それを上限として、タコマネーでの納税を許容していく、そして、そのタコマネー納税率を年々拡大していく、ということをやれば、円滑にタコマネーを普及させていくこともできると思いますよ。

いずれにしても、貨幣の普及において一番大切なのは、その貨幣をどれだけ皆が欲しがるのか、という一点です。皆が欲しがる限りにおいてその貨幣は普及でき、そうでない限り、普及できません。で、行政の力で「皆が欲しがるレベルを上げる」ということを目指すとすれば、その時に最も協力な方法が「それで納税できるようにする」という方法です。例えば日本人が日本円を欲しがるようになった最初の契機が、日本円による納税義務を日本政府が課した、という契機なわけです。だから、タコマネーを普及させ、それを通して明石経済の活性化を目指す上で最も効果的な方法は、実務的な可能な範囲でタコマネーで納税できるようにして、かつ、その枠を拡大していくこと、だということが理論的に予想することができるわけです。

泉　地方自治体はしょせん自ら貨幣の発行権を持っていないし、地方債は国の許可が必要でなかなか発行できません。それで地方自治体は慣例のような財政のやり繰り的な発想しかできなくなっているのです。

明石市も地方自治体として他所と変わりなく、貨幣はつくれないし地方債も簡単には出せないので、やはりやむなく何とかお金を工面しなければならない状況でした。そのときアセットマネジメントを考えていたのが財政担当でした。

藤井　地方自治体でも財政課長だと意外にそういうことを考えていますね。

泉　考えているのに、これまでやってこなかったから、そのときまで何もしなかったのです。

だから私は勝手にアセットマネジメントをすることにしたのでした。それで財政担当も「市長さんは合理的な方やし、そのほうが中長期のコストも助かりスピード感のある政策につながるので、私もやりますよ」と言ってくれました。その後、彼から「このやり方のほうが速いです」というような報告も受けるようになりました。

地方自治体としては、損得ではなくて市民サービスがいかによくなるかというテーマがいちばん大事で、私も「市民のほうを向いて市民にプラスなことをする」と言ってきました。だから明石市の職員も「ウチの市長は市民のためになることなら必ず『イエスだ』と言う」ことがわかるようになってきたのです。

藤井　それで全国で初めての政策も多くなったんですね。

泉　私は全国初をしたいとか自慢したいとかで、いろいろな政策をやったのではありません。マスコミは「初」が好きなので「初」を喜んで取り上げます。私もそれをよく知っていたから「初」をアピールしました。けれども、ポイントは市民のためになるのかどうかなのです。市民のためであれば、全国初であろうが全国最後であろうが関係なくやるだけなのです。

多くの地方自治体で役割分担する時代になった

藤井　泉さんは市長時代、一般的な民間における飲食店などのサービス業の店舗戦略やストラテジックで合理的な経営をされたと言うこともできますね。その意味において極めてプラグマティック（実用主義的）ですね。

泉　じつは、私の市長時代は3期に分かれていたのです。最初の5～6年は、もう総スカンの状況で何をやっているのか、皆理解できませんでした。真ん中は、明石市民に評価していただいた時期です。後半の2～3年ぐらいでは、全国的にも評価してもらえるようになりました。

私は「人口増は目的じゃない。暮らしやすい街をつくったら人が出なくなってさらに集まってくる。人口増を叩かれても、それを目的にやってはいないし、暮らしやすいまちづくりは止めようもない」という考えです。しかし、最初の段階ではある程度目立たないといけないという部分もあったので、焦点を絞ったターゲティングの形でやりました。

藤井　確かに周りの地方自治体からは、明石市は人口増を狙ってきたように見えていたかもしれません。けれども、日本国民としてこの国に暮らして例えば大阪市で働いて大阪市で2人目の子どもをつくろうと思ったら、そこにいくつかの不利益もあるわけじゃないですか。地価も高いし、子育てに対する支援金もあまりない。

だから、子育て支援をしてもらいたいときに、明石市から「ウチは大阪や神戸みたいな職場を提供するのは難しいし、洒落たレストランもなく、夜景も見られへんけど、子育ての安心だけは提供しますわ」と声をかけられたら、明石市に住みたいと思うのは当然でしょう。

で、それは俯瞰的に見れば「大阪や神戸ができないことを明石が代わりにやってあげている」わけで、各地方自治体でそれぞれ役割分担をしているということでしょう。だから明石市はただ自分のところだけが潤っているのではなくて、「日本国民のための適材適所の役割分担を、チームジャパンのメンバーとして担っている」というふうに解釈できると思いますし、少なくともそうなるように地方行政を差配できる可能性は十分にある。

泉　まさに1つの地方自治体が全部フルパッケージの政策をやろうとすることは、合理的ではありません。地方自治体それぞれによって向き不向きもあります。

明石市の場合、結婚を考えている人が相手を口説くために一緒に飲む店は少ない。けれども、自然が豊かな公園も海岸沿いの砂浜もあるから、結婚後に小さな子どもを遊ばせるには絶好の場所なんです。

明石はベッドタウンなので、産業振興とか雇用政策という部分では神戸、大阪、姫路との関係のなかでバランスを取ればいいし、逆に都心部の地方自治体からは、自然豊かな明石の良さを生かしてもらって、日帰り旅行を含めた形で観光の場所としても考えれてもらえればいい。自分の地方自治体の狭い行政単位ですべてを自己管理しようということは、もうしんどいと思います。

藤井　改めて言うと、子育て支援に魅力を感じて人がやって来て、明石市の人口が増え、周りの地方自治体から「人口を奪い、利己的な自治体経営をしている」という批判があるのは、おかしな話じゃないかと思います。なぜかっていうと、東京や大阪、名古屋とかは周辺の地方自治体からさんざん雇用者を奪い取りまくっているわけじゃないですか。それが許されて、地方で人口が増えるようなことをやったらいけないというのはおかしな話です。

それぞれの土地が役割を担いながら、適材適所で競争し、みなが豊かになっていきつつ、全体も豊かにしていくというのが資本主義の社会です。競争はもちろん、弱肉強食を加速するという側面はありますが、そうした競争に一定の歯止めをかけるためにも、強者である東京や大阪が勝ち続ける状況を回避し、弱者である周辺自治体の強みを活かした競争を通して、一定の公平性を確保していく、という方向性も重要です。

もちろん、そうした公平性の確保のためには全体を見据えた政府の取り組み・調整が不可欠ではあります。だからといって地方自治体がそれぞれの努力をしなくて良い、とはならない。だから各自治体間の一定の公平性に配慮した上での競争、あるいは、競争的な側面も含めた公正さの確保を目指していけば、弱肉強食が加速されるということにはなりません。競争しながら一緒に豊かになることもできるわけです。そう考えると、大阪や神戸といった大都会と対抗するためにも、大阪や神戸の周辺の自治体同士で連携しながら、大阪や神戸といった大都会に対抗していく、というのも大切な視点でしょうね。競争と協力のバランスを考える不断の努力はこれからも必要ですね。

第3章

T型人材による役人の少数精鋭化

地方自治体の職員にも欲しい民間の経営感覚

藤井　市長の発想で新しい政策をやろうとするとき、1つのボトルネックと言うか、失敗の要因になり得るのが、関係者の能力の問題、ですよね。すなわち、仮に市長が新しいビジョンを持ったとして、「中身をこうしようやないか。じゃあ君、これをやってくれ」と言って任せきったら、市長の思っていることを実現できずに、ショボい結果しか得られない、ということになってしまうことだってあり得ると思うのです。

そこがうまくいったのはやはり泉さんが新しい政策の中身についてかなりいろいろと指導されたからですか…?

泉　例えば障害者福祉について私は、「困った人を助けます」という発想ではなく、「障害者を助けると儲かりますよ」という考え方が大切だと説明してきました。

さらに階段があるようなレストランだったら、そこに簡単なスロープを付けるといったことを役所がアドバイスして、しかもスロープを付ける費用はレストランと折半ではなく、全額を税金で引き受けてきたのです。

スロープが付けば、車椅子の人だけでなく、ベビーカーを押す親子連れも入りやすいし、足元の悪い高齢者もつまずきにくくなる。その結果、レストランだって繁盛します。こうしたバリアフリー化とか障害者対応などを、しっかりと全額税金で行うことによって、商店街のイメージもよくなり、街としてのブランド価値も上がります。

行政は商売される方への対応について勘違いしがちなんです。商売人の方に対して、「自分のことだから費用負担も自分でやってよ」と考えがちな役人が多いようです。

しかし私は、費用は折半でもなく、上限はあるにしても全額を役所が出すことにしました。その方のお店が儲かれば税金で返してもらえるし、その店の評判がよければ街全体のブランド価値を高めることにもつながります。すると来る人も増えてどんどん街も賑やかになるでしょう。こういう発想を公がすべきだと私は考えています。

藤井　なるほど、公的資金を支出する正当な理由があるなら、しっかりと支出してあげる、というところがポイントなわけですね。だけど、中身についてはその筋のプロフェッショナルの業者にやってもらう、ということですね。

泉　設備や施設などハード面だけではなくソフト面も重要で、跳んだりはねたりする空間は、例えば明石の場合には、ＹＭＣＡなどのプロに来てもらいました。

藤井　そうか。跳んだりはねたりとかする施設というのは市の運営だけど、施設の中身についてはプロフェッショナルな業者を選定したのですね。

泉　私の基本は行政と民間をコラボしてやるということです。その場に相応しい完全に子どもと遊ぶのに慣れた人たちに来てもらいました。運営は民間に委託したのです。

藤井　やり方としては、信頼できる立派な業者を選んで、その業者のプロフェッショナルの方にこの施設の中身もやってもらうようにし、市長も一応中身は確認するとしても、そこは任せているわけですね。

泉　餅は餅屋というのを基本にして、そのうえで最後のリスクや責任を負うのが行政という考えです。ノウハウとかやり方が上手な民間であれば、行政もそことコラボしたほうがいいに決まっています。

「お上意識」「前例主義」「横並び主義」の弊害

藤井　ところで僕は中央政府の仕事もしていますし、基礎自治体、小さな地方自治体の人たちともあれこれ仕事をご一緒することがあります。で、そんな役所の職員の人たちとあれこれ議論すると、実は彼らはいろいろなアイデアや知識を持っているんですよね。いろんな業界の民間の人たちもやっぱりいろいろと付き合いがあって、さまざまな人と酒を飲んだりしながら話していると、「本当はこうなっているんだよ」だとか「ホントはこういうことやるべきなんだよ」だとか、ホントにいろいろなことを知っていますし、良いアイデアを持っていたりする。

首長としてそういうアイデアや知識を全部吸い上げて政策を実行したら、ものすごく世の中がよくなると思うわけですが、なかなかそういう事にはならない。特に、中央政府においては、組織が巨大すぎるし、財務省が他の省庁に比べて強すぎることもあって、現場の声が全く実現に結びついてない、という現実がありますよね。その点、泉さんはできるだけ、役所の中にあるそういう声を拾い上げようとされたのではないかと思うのですが、いかがでしょう…？

泉　今から振り返ってみて改めて思うのは、私が市長になったときは明石市も本当に普通の役所でした。その後、明石市役所では3つの点において革新的な変化があったのです。3つの点というのは、日頃から基本的に言ってきたことですが「お上意識」「横並び主義」「前例主義」です。役所の中では大抵、それらがはびこっているのが実情です。

まず「お上意識」は、お上を見て市民を見ない、国ばかりを気にしている。「横並び主義」は、隣町と同じことしかせず、自分の街独自のことはない。「前例主義」は、これまで長年やってきたことを変えず、新しいことはしない。

でも私は市長になってためらうことなく全国初のことを実施していきました。全国初は、国の指示ではないからお上意識に反するし、前例主義でも横並び主義でもありません。

最初は明石市役所でも3つの因習が根強かったから、私は最初、ほぼ全員から羽交い絞めにされて、「市長、全国初はダメですよ」と言われました。「やる内容をまだ話していないだろ」と言ったら、「内容は関係ありません。全国初はダメなんです」と言います。忘れもしません。

「なんであかんねん。市民のためやないか。ええに決まっとるじゃないか」と思って、羽交い絞めを振りほどいてバンバンやっていったら、組織も変わっていって、「あれ、国から怒られへん」というようになりました。

藤井　実は、なんとなく「やったらアカン」と思っているだけで、よくよく考えて実際にやってみたら、やったらアカンことでも何でもない、っていうのがいっぱいあるんですよね。

泉　そうです。振りほどくと意外と怒られないんです。

藤井　僕個人も学者として新しいことや他の学者がしないことをやってきましたが、確かにやる前には、皆から怒られたり否定されるんじゃないか…という漠とした不安があったのは事実です。でも、そんな不安には実は何の根拠もないことが実に多い。結局、やったって誰も何も言わないし、何だかんだと言う人がいても、やればやるほど、結局そういう人たちも何も言わなくなる。何より大切なのは、ちゃんとした結果が伴えば、結局何も言われなくなるっていうところ。ちょっとした勇気、っていうのは、ホントに大切なんですよね。きっと、地方行政の現場でも、そういうことがいっぱいあるんでしょうね。

泉　国から怒られるなんてことは思い込みにすぎないんですよ。

経産省の補助金をもらってつくった産業振興センターが駅前の一等地にありました。非常によい立地なので、私は「そこを転用すれば保健所になる」と言ったんです。当時はもう全員が口々に「経産省が怒ります」と反対しました。そこで、「本当に、あそこを保健所にしたら、経産省が怒ると言ってんのか」と聞いたら、誰も何も言わない。実際、経産省がそんなことで怒るわけがないんです。

藤井　勝手に怒るんじゃないか、ってびびって思ってただけなんですよね。僕も、中央官庁のキャリア官僚と話す機会が度々ありますが、彼らは意外にかなり柔軟なことを言うんです。しかも、「地方自治体は全然やらないんだよ」とも言う話もよく耳にします。

だから、中央政府の役人は、地方自治体に対して誤解しているところがあるんじゃないかと思います。中央政府の役人は、地方自治体の役人について「レベルが低い」というように思っている節がある。でも、それはやはり誤解で、地方自治体のほうは疑心暗鬼で本省の意向を忖度して、「意見言ったり、新しい事やったら怒られる」と思っているから黙っている、っていうだけのことも往々にしてあるわけですから。

泉　私が実際に本省に足を運んで、駅前のセンターを保健所にしていいかと直接聞いたら、全然怒られませんでした。それで産業振興センターを保健所に変えたのです。

また、保健所に変わると、それまでほとんど使われていなかった物や設備も有効に使えるようになりました。駅前の一等地ですから、保健所としてはコストバランスもよくて、今は効率的に使えています。

地方自治体ではそんなことが多いのです。お上意識は思い込みであって、国も悪意があって嫌がらせをしているわけではないのだから、基本的には現場が合理的な説明をすれば、国としてもそれでいいとなります。

藤井　明石市の新しいやり方がしっかりと円滑に進んでいった背景の1つには、やはり中央政府の人間を呼んできたことも大きいですよね。そういう「パイプ」をもっておくと、中央政府の人間が意外と怒らないということも、わかってきますものね。

泉　中央官庁の官僚は俗に言うところの優秀な人材ではあるし、心ある人も多いのです。地方自治体の職員とそんなに極端に違うわけではありません。公の立場で試行錯誤をしているという点では基本的には一緒です。

実際明石市では、中央官庁の官僚が5人も6人も役所のなかにいる状況ですから一緒に飲んだりもします。それで皆安心して「中央官庁の官僚も怖くないいんや」という状況になり、それに慣れていきました。

現場にいる地方自治体ならスピード感が出せる

藤井　僕は首相官邸に6年間いましたが、そこでいろいろな仕事をしていると、「こういうのをやったほうがいい」といろいろ思いつく。で、それをいろんな人に提案してまわったわけですが、役人の方々や政治家の方々はそれができない理由を、100万個ぐらい持ってくる（笑）。時に「これをやったほうがいい」と言うと、鼻で笑われたりすることも凄く多い。

もちろん、行政のプロから見れば、法的にできないとか、制度上不可能だとかいうこともあるだろうと思いますが、やろうと思えば絶対にできることも山ほどある。特に、行政官だけではどうしようもないことも、政治家ならば、いろんな事を動かして実現してみせることが絶対可能だ、っていうことが実にたくさんある。にも拘わらずそれをやらない、っていうか、できる可能性があるのかないのかを考えてみようかという気持ちを1ミリも持とうとしない、っていうのが実に多い。っていうのは結局、いろんな次元で「臆病風」が微妙に吹いていて、「そんなの前例がないんだからやっちゃダメに決まってるだろ」と思い込んで「やっちゃったら怒られるよ」っていう風に勝手に決めつけてる、っていうだけの話がホントに多かったんだと思います。

泉　言い訳するのは政治家の仕事でも取るべき態度でもない。政治は結果責任なので、やってみせなければなりません。決断して前に進めるのが政治家の役割です。

藤井　そこが政治家は官僚とは違いますね。

泉　国の官僚は前例主義だから過去にやったことでないと、ものを考えられません。コロナのときもそうでした。でも私は、新たに政策をつくれるのがすごく楽しかったですね。よく商店街に行って店主の親父さんから話を聞きました。ある店で親父さんに「何に困ってますか」と聞いたら、「市長さん、こんなん言うたら悪いんやけど、ウチはテナント料を先月滞納してな、今月も払われへんのや。お客さんおらへんやろ。だから、もう店を閉めるわ。市長さん今日は会うのが最後かな」と言われました。

私は「そんなこと言わんでくださいよ。わかりました。じゃあ、テナント料2ヵ月分あればいいんですか」と持ちかけると、「まあ、そうやけどな」という返事で、その日は4月10日でした。親父さんに「いつまでにいるんですか」と尋ねたら、「25日が締め日やから」と言うので、「わかりました。24日までに振り込みますわ」と約束したのです。

市役所に戻ってから、職員を集めて「100万円、振り込むぞ」と言い、市議会にも臨時会を開いてもらって予算案の了承を得てから、その話を銀行に持って行って、すみやかに手続きしてくれるよう要請していきました。

その結果、約束通りに実行できたのです。親父さんから4月10日に話を聞いて、4月24日にはその親父さんのところだけではなくて、申請のあった店舗にすぐ100万円を振り込みました。

藤井　それは素晴らしい！日本の役所では考えられないくらいのスピードですね。ちなみにそれってやっぱり、その特定の業者さんだけじゃなくて、ある種の基準をつくって、その基準をクリアした人に振り込むという、公平性を担保した上での行政手続きを取られたんですよね…？

泉　そうです。ただし給付ではなくて貸付にしました。つなぎ融資ですね。どうせ後で国や県からいろいろな形でお金が来ると予想していて、読みどおりになりました。

今すぐ必要なのに国や県のお金が来るのが遅いためにテナント料を払えないギリギリの状況だったんです。つまり、お金が今日いるのに明日もらっても遅いから、「今すぐお金がいるんだったら、とりあえず明石市がいったん出しとくから、後で国や県からお金が来たときに戻してくれたらええ」と言って振り込んだのでした。店の親父さんたちからは非常に感謝されましたね。

藤井　そのお話、ノーカットで官邸に伝えますね（笑）。

泉　聞いて欲しいですね。

藤井　岸田文雄首相は「聞く力」を持ってらっしゃるってことなので、しっかり聞いて貰ってしっかり実践してもらわないといけませんね（笑）。

泉　続きがあって、店の親父さんはもう1つ、「ウチのパートさん、実はひとり親家庭なんや。ウチのパート料で子どもに飯を食わしてるねん。でもお客さんがおらへんから、ずっと休んでもらってる。心配や。あの家の子、ご飯食べれてるんやろか」と言うから、それにも「わかりました、何とかします」と言って対応を約束しました。

明石市からひとり親家庭に5万円の支援金をすぐに出しました。これは国よりも3ヵ月早かったんです。やはりちゃんと市民や国民の声を聞いて、それを形にするのが政治だと思います。

藤井　でもこのお話はホント、凄いですね。やっぱり現場に近い地方自治体だったら、やりようでは、欧米並みの「スピード感」が出せるんですね。

泉　国は現場のことに疎いから、市民に身近な地方自治体の役割は重要ですね。

大事なのは「優しさと賢さと少しの強さ」

藤井　僕は行政における「愛」の重要性、っていうお話を先程申し上げましたが、それに加えて先程大切だって申し上げたのは「ちょっとした勇気」というか「気概」ですね。

これをさらに包括的に申し上げると、次のように整理できると、思います。

そもそも人間の精神には、「知・情・意」という3つの要素がありますが、あるべき行政、政治を行うには、この3つが全て揃っておかなければならない、という事だと思うんです。

まず「情」というのは、なさけ、とも読みますし、感情の情でもありますが、これは要するに、感情的に「国民を愛する」という精神ですね。

「知」というのは当然、知性です。ある種の政策の合理性を考えるには、この「知」が絶対必要です。これがなければ、どれだけ国民を「愛して」いたとしても、やることなすこと全てが出鱈目、というか完全に裏目裏目になってしまう。

そして、最後の「意」というのが、先程お話しした、気概や勇気というものですね。これがなければ、どれだけ国民を愛していて何かやってあげようと思っても、そしてその上で、どれだけ知性があって合理的な政策を立案することができたとしても、それを実行する「勇気」がなければ、結局何の行政も行われない、っていうことになってしまいます。

おそらくは明石市の例をとると、以前はこの3つが不足していたからこそ、必ずしも明石市政がうまく回っていなかった、だけど泉さんが市長になられてから、泉さんがもたれている範囲の知・情・意を可能な限り駆使して、その帰結として、明石市の政策がどんどん展開していったのだと思います。

東京大学で学ばれた泉さんは、当然、「知」をお持ちであったでしょうし、「情」についても明石という地の自然的、社会的、歴史的な環境のなかで育まれたのだと思います。いわば、「関西の地べた」のなかでずっと育ってこられた感覚というのが、すごくあると思います。それがあるから、明石に対する「深い愛」をお持ちなんだと感じます。そしてもちろん意もあって、それがあったからやはり「前例主義」を乗り越えて様々な新しいことも実現されたんだと思います。

僕はそういう「知・情・意」ある政治が、日本の国の中心である内閣のなかでできないかと、ずっと思っているんですが…。

泉　今の3つは実は私が市長として職員の訓示などでずっと言っていることでもあると思います。ただし言葉は違っていて、私が20歳のころに勝手に自分でつくった「人に必要なのは、優しさと、賢さと、ほんの少しの強さ」というものです。

藤井　ああ、なるほど、そう表現することもできますね。

泉　チャップリンの映画『ライムライト』の台詞をもじっています。すなわち、「人生は素晴らしい。怖れの気持ちさえ持たなければ。人生で必要なものは、勇気と想像力、そして少しばかりのお金なんだ」という台詞です。

「優しさと、賢さと、ほんの少しの強さ」ということは、20歳から40年間言い続けてきて、市長としての訓示でもずっと言ってきました。それを市役所の職員にも求めたのです。

まず1つ目の「優しさ」というのは、甘さじゃなくて想像力を指しています。人の痛みに対する共感力です。自分のほっぺたをひねったら自分は痛い。けれども見ている人は誰も痛くありません。逆に他人がほっぺたをひねっても自分は痛くない。残念ながら人の痛みを完全に理解することはできないのです。しかしそれを理解しようとするのが、想像力にほかなりません。

市の職員として仕事をしていると、どうしても役人目線になってしまうのはしょうがないかもしれません。そこで、市民は実際にはどうなんだろうかという想像力を働かせなければなりません。この想像力の翼を優しさと呼びたい。ぜひその優しさは持って欲しい。これは愛とも言えますね。

2つ目の「賢さ」は勉強ができるという意味ではなく、本質を見抜く力です。国からの指示は必ずしもすべてが正しいというわけではありません。国は地域特性などに配慮せず画一的に指示してくることも少なくないのです。それをそのまま地方自治体の職員が実行してはいけません。

国と喧嘩しろとは言わないまでも、物事の本質を見極め、市民にとって国からの指示はためになるのかどうかという観点を入れたうえで、地方自治体の職員は賢く行動しなければならないのです。

加えて、今はこうだけどまたそのうち値上げするんだろうということも含めて考えないと、市民への説明責任は果たせません。したがって賢さとは、疑いの目も含めた形で「本当はどうなんだろうか」としっかり自分で考えることでもあります。

3つ目の「ほんの少しの強さ」というのは勇気です。例えば皆が仕事するときに上司がわからず屋、部下が動かないということがあるかもしれません。まあ、人間社会とはそんなものでしょう。

それでも、市の職員は市民のための仕事をするのだから、職員が市民のためになることなのに難しいからといって諦めるのは市民にとってはアンハッピーなだけでなく、不誠実です。そもそも職員は決して諦める立場ではないのです。根気よく時機を見るなり、やり方を変えるなりして市民にハッピーを届けるのが市役所職員の仕事にほかなりません。

ただし誰もがスーパーマンではないので、びっくりするような強さまでは求められるわけではなく、ほんの少しでいいから強さを持ち続けて市民のために働いて欲しいのです。

年に27回も行った適時適材適所の人事異動

藤井　なるほど、行政だけでなく、これまで生きてこられた中でその3つを、つまり、知・情・意を大切にしてこられて、そしてそれを明石市政に展開して行かれた、ということですね。そんな行政展開の中で、やはりキーとなるのが職員の皆さんにどう働いてもらうのか、ということになると思いますが、それについてはいかがでしょうか…？

泉　人の問題は実はいちばんシンプルだと思います。私がずっと言っているのは「適時適材適所」ということなんです。適切なときに適材適所を適時やってその部署に合った人事をしなければなりません。

通常の地方自治体では年に1回、4月1日などに人事異動を行います。しかし明石市はコロナ禍のときには年に27回もの人事異動をしました。他の地方自治体からは年に27回もとびっくりされます。

しかしコロナ禍で感染者が増えて電話で受け付ける者が必要になったのであれば、そこの部署の人材をバッと増やさなくてはいけません。コロナが収まったら、元の部署に戻っていくだけなので、コロナ禍の波に合わせて人を異動させただけなのです。それが合理的な対応でもあります。

電話で受け付ける部門の人を増やさないと、感染した患者を放ったらかしにすることもそれだけ増えるのです。地方自治体によっては、電話が通じなくて3日間も放ったらかしになったケースもありました。

要するに役所の人事も、各部署の仕事量に合わせて人の配置を変えればいいだけなんです。スポーツで言ったら、バレーボールで選手がグルグル回るのと一緒で、いろいろな仕事ができる人間をあっちに行かせたりこっちに来させたりするだけであって、大した事ではありません。

人事異動は年に1回だというのは皆の思い込みです。そう思い込んでいると、コロナ禍のときに保健所がパンクしているのに、誰も応援に行かないという状況になります。

一方、コロナ禍のせいでほとんど仕事がなくなっている部署もあって、そこの職場は活動が止まっているので、職員を家で待機させるようなことにもなります。

私としては、職員を家で待機させるよりは保健所に行ってもらって、その仕事を手伝わせるべきだと思い、適時の適材適所を続けたわけです。その結果が積み重なり、27回もの人事異動になりました。その意味では人事異動が年に1回というのは、市民に目が向いていないという証しかもしれません。

藤井　役所の人事も臨機応変に行わなければならないということですね。

泉　適材適所の人事異動は、今いるメンバーでいい人がいたら当然、年齢とは関係なく実行するべきです。もし適材がいなかったら外から持ってくればよいのです。

私が市長になったころは、58歳か59歳で部長になって1年か2年程度務めることになっていました。しかし私はいきなり50歳でも部長にしました。古い慣習で「卒業記念」に部長になるような年功序列ではなくて、ちゃんとその部署に向いた人を部長にするのが当たり前です。課長も当時は50歳手前くらいでなっていたのを変えて、30代の課長を30人もつくりました。これも適材適所で、当然の合理的な人事異動だと思います。

藤井　人事マネジメントで適材適所をやる、という方針を決めたとして、実際に適材適所の人事を進めようとすると、人事評価上の適切な判断が必要となると思いますが、それについてはどう対応されたのですか？

泉　それについては、明石市は国よりも早く独自の評価システムを入れて、それぞれの人材を多方面から見るようにして判断しました。ただし人事異動をしても、もし新しい部署に合わなかったら、すぐに戻したりもしました。

藤井　その合うか合わないかの判断というのは、誰が担当されたのですか？

泉　実際に新しい部署で仕事をしてもらったら、ある程度、客観的にわかります。

藤井　それを判断するのは市長ご自身なんでしょうか…？

泉　いえいえ、職員が2000～3000人もいるので、全員のことを頭に入れるのはとても無理です。判断は各部署の長が責任を持って行います。そのうえで、忙しい分野で人が足りなかったら、固有名詞までは出さずに「あの部署が忙しいから、誰か応援に行ってやれ」と言いました。

藤井　なるほど。各部署から人が足りないか多いかを聞く、あるいは、新しい部署に行った職員に「もし、あまり合わん部署だなと思ったら、そう言え」ということですね。

泉　そうです。私自身は職員の固有名詞で仕事をするんじゃなくて、まさに各部署の必要な人数と適性を聞くことにしています。

藤井　単にそれだけの指示でちゃんとうまく回るのでしょうか…？

泉　回ったと思いますよ。職員を年1回しか動かしてはいけないと思い込んでいたらうまく回りません。いつでも自由に動かしていいということであれば、そのほうが明らかに合理的です。さっきも言ったように、新しい部署に合わなかったら変わればいいだけです。

藤井　なるほど、たったそれだけの事で、人事ってうまく回っていくんですね。逆に言うと、それすらやっていない行政組織っていうのが一杯あって、それができてないから、行政が良い風に展開していかない、っていうケースが多いんでしょうね…。

泉　昔は年1回で異動したら、そこで1年間我慢しなければなりませんでした。今は人事異動が多いので、そんなこともほとんどなくなったのです。

役所の組織風土、文化が変わりました。年に27回だから2週間おきに人事異動があるわけです。次の人事異動は2週間後なら、2週間やってうまく目途がついたら元にも戻せます。だから今は「2週間か1ヵ月で元の部署に戻してやるから、ちょっと行ってくれへんか」というような感じになっているんです。

内部に必要な人材がいなければ外部から採用する

泉　さらには、必要な人材が市役所内にいなければ、適時適材適所で外から採用するようにしました。だから民間から社会人経験者を採るだけでなく、全国公募によって市役所にいなかった専門性のある者を次々に採っていきました。

例えば私は1年目に、弁護士資格のある人材を、弁護士としてではなく一般の行政職員として採ったのです。「ザ・弁護士でございます」から市役所職員になりました。法律に強い職員ということであって、これは英語の得意な職員というのと一緒です。

明石市役所には多いときには13人の弁護士がいました。人口30万人にすぎない明石市に全国の地方自治体で最も多い数の弁護士がいたのです。

藤井　ちなみに明石市の職員そのものの数は増やされたんでしょうか？

泉　明石市の職員も人数の多い世代と少ない世代がいます。私が市長になったときには団塊世代の卒業時期と重なったので、職員の人数は減っていくことになりました。それで当初は総職員数が削減傾向で進んだのです。

私は単純に公務員が少ないほうがいいとは考えていません。しかし最初は、ごゆっくりしている方がかなりいました。ごゆっくりしている方からしっかり働く方へと入れ替えていくと、同じ仕事量を少ない人数でこなすことができます。簡単に言うと、1・5倍仕事のできそうな人間を、1・2倍ぐらい高い給料で採るという方針にしました。

例えば弁護士資格のある人、福祉職、心理職、保健師、ＤＶの相談に長けた人など専門性のある者を従来の非正規ではなくて正規職員として採用し、給料を上げました。ちゃんと仕事のできる人を採ることによって職員の資質を高めていったのです。

藤井　職員の数を増やさないで質を高めていったわけですね。

泉　まさに少数精鋭化を図ったのです。安かろう悪かろうじゃなくて、市民から頑張っていると評価していただけるような職員へと質を高めていき、必要な仕事でも市役所内にそれができる職員がいなかったら、外から引っ張ってくるということをしてきました。明石市では全部数えたら１００を超えるくらい全国初のことをやってきました。となると、すごく忙しそうに見えるかもしれません。しかし私が市長だった最後の年の明石市は、兵庫県のなかで人口比における公務員数が最少でした。

ただし非正規ではなく正規化もしてきましたから、一旦減った総人件費は若干増えましたね。

藤井　職員を解雇することもあったんですか…？

泉　いえ、単に定年を待っただけでした。50人が定年退職して出て行った後の採用が30人だったら、20人減ることになります。

藤井　採る人数を減らすという格好で減らしていったということでしょうか。

泉　そうです。50人が定年でいなくって50人採ったら一緒です。そこで採る人数は30人から40人くらいにしました。また、50人卒業して40人を採用するとしたら、そのうち20人をこれまで通りの一般行政職にし、残りの20人を専門職にしました。

しかもポイントは専門のことしかできない専門職じゃなくて一般行政職ができる前提での専門職です。つまり、一般の人たちがイメージする弁護士じゃなくて弁護士もできる市役所職員として採っているので無駄がありません。だから弁護士資格があってもいわゆるラインの人間、ということになります。部長がいて弁護士の課長がいて係長がいて、といった形で、普通の決裁過程の中にいる職員として弁護士を位置づけたのです。

藤井　50人が辞めて40人採って20人をそれまでの一般的な採り方にした、っていうのは、なぜなんでしょうか。言い換えれば、なぜ専門職を30人採らなかったんでしょうか…？

泉　正直、最初の段階なので一気に採るよりも、バランスのある採用で状況を見たかったのです。

藤井　なるほど、状況がわかってから、後で増やしていこうとした、っていうことですね。

泉　市長後半の3、4年は専門職を増やしています。最初は状況が見えないので、一般行政職と専門職の比率を大きく変えず慎重な採用をしていきました。

藤井　いずれにせよ採用数を減らしたのは、新規に採用した職員の能力がもっとわかった段階でガッツリ採るための貯金みたいなものですか。

泉　そうです。実際、明石市では3年前から総職員数を元に戻してきています。結局、大事なのは公務員の人数ではなく、市民が納得するような能力のある公務員が市役所にちゃんと居続け市民のために働き続けるようにすることなんです。

専門性と同時に多様な仕事もこなしていく時代

藤井　日本の行政全部がインハウスエンジニア（土木系の技術者などの行政組織に直接属している技術系の公務員）を減らす方向になっています。それは中央政府でも県でもそうだし、基礎自治体、市町村となるとその傾向はもっと強くなっているのです。だから専門家の公務員がどんどんいなくなっています。

結局、行政では外注ばかりになってしまいました。外注するのが、行政の効率化になる、なんていうイメージを持つ方が多いんですが、実際は「逆」である場合も多々あります。そもそも、外注してしまえば政府が支払ったお金の一部が受注した業者の利益として流出してしまう事になるわけですから、実際には不効率化している面もあるのです。しかも、外注の場合には、受注業者が不安定化することにもなりますから、継続性もなくなってしまって、それもまた非効率性を生んでしまいます。そのためドブにお金を捨てるようなことにもなって、行政の質が劣化するということが日本中のあらゆる領域において起こっている。

だから僕は、外注化の流れは全くもって不効率で非合理だ、かつてのようにインハウスエンジニアを大切にする方針に戻すべきだ、とずっと主張して参りました。これは弁護士についても、交通の専門家についても、土木の専門家についてもみな同じです。地方自治体でも、かつて日本経済が強く、税収も豊かだった頃はインハウスエンジニアをいろんな領域においてたくさん雇っていて、行政組織にもそれなりに技術力があったわけですが、経済が悪化して、税収が少なくなって予算を削っていく過程の中で、インハウスエンジニアの専門家、技術者がどんどん削られていったわけです。それが地方自治体の凋落を生んでいる大きな要因の1つとなっています。

泉　その通りで、土木に関しては明石市にも課題があって採用しにくかったため、待遇改善をしました。しかしちょっとした待遇改善をしても、民間のほうが待遇がいいためになかなか追いつかなくて、正直、限界がありました。

ただし私の発想としては、いわゆる「何でも屋さん」の職員は今の時代には何もできない屋さんなのです。対して昔の何でも屋さんは何でもできました。というのは、上から指示されてプラモデルの設計図を見て組み立てる能力が高いだけでよかったからです。

今の時代は、プラモデルの設計図は来ないしパーツもないので、自分でパーツをハンダゴテでつくって設計図も描かなければなりません。その能力というのは一種の専門性の能力なんですね。

専門を持てない人間は多くのことへの応用もできないでしょう。だから、例えば弁護士や福祉士など一定の専門分野で能力を持った人間がジェネラリストとして他の分野もやったらいいと思うのです。

藤井　そういう方がたくさん増えたほうがいいですよね。

簡単に言うと、「横一文字型」の人材、つまり「薄く広く」という人材ばっかりだと、単純なプラモデルを組み立てるような仕事しかできない、という事になる。だから、このタイプの人材は結局、何にも役立たない、ということになってしまうから、人材として問題だ、っていうことになります。

でもだからといって「I型」の人材、つまり、特定の専門についてはは深く知っているけど、他の事は何もできません、という人材もなかなか使いにくい。だから大学教育なんかでは、横一文字でもI型でもない、「T型」の人材、あるいは、複数の専門性がある「鳥居型」の人材が必要だ、っていうことがしばしば言われますよね。つまり、特定の専門性もあるけど、それ以外の事についても薄く広く対応できる、という人材です。

泉　まったくそうです。

藤井　しかもT型あるいは鳥居型の人間をたくさん雇っておけば、いろんな専門性を確保でき、しかも、うまく組み合わせれば皆がチームとして協力しあうことができる、っていうことになりますから、ものすごく強靭な組織ができますよね。

泉　今の時代はやはり何かの分野での一定の専門性ぐらいは必要なのです。その専門性のある者がそれぞれ違う専門性のある者と横につながることのできる能力もいります。だからT型なんです。

藤井　I型はやっぱ、ちょっとしんどいですよね（苦笑）。

泉　それはもうどうぞ、独自の世界でやってくださいということです。

藤井　大きな会社では、I型でもいいかもしれませんが…。

泉　私が専門職について12年間いつも言ってきたのは、「とにかくここは地方自治体での専門職だから2つのことお願いしたい。1つは皆と組織のなかで協調性を持って仲良くやってくれ。もう1つは専門職なんだから専門職の魂は燃やし続けて欲しい」ということでした。

馴れ合いになってしまったら意味がありません。上司に対しても疑問があったら、喧嘩をするのではなく、「そうでしょうか」などと反論はすべきなのです。つまり、組織のなかでやっていける協調性を持ちながら、専門職としてのプライドはちゃんと持って仕事をして周りの人たちも高めていって欲しい。だからT型なのですよ。

藤井　T型の人はそれぞれ、専門性が違いますから、組織として強靭となるだけでなく、それぞれの職員が「誇り」を持って仕事に臨むことができる、という点も重要なポイントですよね。

泉　ちょうどいい感じに違っているという多様な人材を配置していったので、明石市は全国初がやれる人材の少数精鋭化ができたのです。

国と地方の人事交流は双方のメリットが大きい

泉　明石市は私が市長になるまで国からの人材が1人もいませんでした。それで私は国土交通省、文部科学省、厚生労働省、法務省などから出向で来てもらったのです。法務省の人を入れた地方自治体は明石市が全国初でした。

藤井　やっぱり国の官僚には来てもらったほうがいいですよね。行政展開において国とのパイプはめちゃくちゃ大事ですから。

泉　私については、周りからは国と喧嘩ばかりしていると勘違いされがちでした。しかし、国の官僚にたくさん明石市に来てもらい、明石市からも人を国にどんどん派遣しました。

このような人事交流は非常に重要だと思います。国はちゃんと現場がわかっていないから国の人も来てもらったほうがいいし、地方自治体の職員も国に行って学ぶことが多いのです。

藤井　法務省からはあまり地方自治体には行かないのですか。

泉　行かないようですね。法務省の人を受け入れたのは明石市が初めてというくらいですから。安倍政権のときに再犯防止で罪を犯した人を社会でもう1回ちゃんとやり直させるというやり直し支援を行うことになりました。そのときに明石市では全国初の条例をつくるために法務省の人に来てもらって一緒に仕事をすることになったのです。

この「更生支援及び再犯防止等に関する条例」という全国初の条例で「再犯防止とやり直しの社会のモデル」ができました。そのときの現場の感覚は今の法務省の政策にも生かされています。明石でやったことが法務省でも行われているということです。

藤井　中央官庁の人たちとよく一緒に仕事をしながら彼らと個人的に付き合って思うのは、中央官庁のレベルもやはりいろいろだ、っていうことです。

総合的実力、っていう点でのレベルが低くなる省庁はやはり、地方との関係がなくて霞が関だけで仕事をしている省庁です。彼らは、地方で何が起こっているのか、現場で何が起こっているのかという情報が来ないから、どうしても、行政の質が劣化していってしまう。そしてその結果、半ば現場を無視した暴走をしはじめて、結局国益を棄損する、っていうことになってしまう。例えば、そんなケースの多いのはやはり、財務省や経産省じゃないかと思います。要するに地方との交流、結局は現場との交流が貧弱で、結果的に事実上腐敗していくわけです。

ところが、国交省とか防衛省など現場のある省庁は、中央のキャリアが現場といつも行き来しているので現場で何が起こっているのかが、省庁の中枢に常に届くこととなります。結果、国政を展開するときにも腐敗する傾向が低くなっていくのです。

泉さんのように中央官庁ともいろいろとやり取りを始める地方自治体が増えていくと、いろいろな中央官庁も現場で何が起こっているかという情報がどんどん入ってきますから、地方行政の質的高度化だけでなく、中央官庁の質的高度化にも大いに貢献することになるんですよね。

泉　明石市では国交省関連の仕事も多くて、ＪＲ明石駅のところにスペースを設けてもらって、そこに国のお金で明石市の「あかし案内所」をつくったのです。ほとんど明石市のお金は入っていません。

藤井　観光地の「まちあるき」整備事業ですね。

泉　「あかし案内所」では、明石の一等地である駅で子どもの授乳室や車椅子の無料貸し出しを利用できます。タブレットを使うと画面に手話通訳者が出るようにもしました。また、いわゆるインバウンド対策も含む形での多言語対応のコミュニケーション空間もつくりました。そうしたことでここは観光庁から兵庫県初のバリアフリー施設としての認定も受けたのです。目下、国はこのような案内所を全国に展開しようとしています。

藤井 国交省からするとモデル事業として優良事業になりますから、彼らにしてみれば、そこで集中的に資金を投下して全国に横展開をめざそう、という話ですね。

地方自治体の力のお陰でそういうことができたら国交省としてもすごく助かるでしょうね（笑）。

泉 その意味ではやはり国交省とか厚労省は現場あってこその省庁です。厚労省からもしばらくの間、明石市に2人来ていました。

藤井 厚労省の中でもどういう系統の方が来られてたんですか…？

泉 子ども系の子ども家庭局と高齢系の老健局で、中央官庁の厚労省から2人来ているというのも市町村としては唯一でした。

士気が上がらないと活力ある組織にはならない

藤井 市長が泉さんに代わって、市役所の職員に変化はありましたか。

郵便はがき

料金受取人払郵便

牛込局承認

9026

差出有効期間
2025年8月
19日まで
切手はいりません

162-8790

東京都新宿区矢来町114番地
神楽坂高橋ビル5F

株式会社ビジネス社

愛読者係行

ご住所 〒 TEL: ( ) FAX: ( )		
フリガナ お名前	年齢	性別 男・女
ご職業	メールアドレスまたはFAX メールまたはFAXによる新刊案内をご希望の方は、ご記入下さい。	
お買い上げ日・書店名 年 月 日	市区 町村	書店

ご購読ありがとうございました。今後の出版企画の参考に
致したいと存じますので、ぜひご意見をお聞かせください。

書籍名

お買い求めの動機

1　書店で見て　2　新聞広告（紙名　　　　　　　）
3　書評・新刊紹介（掲載紙名　　　　　　　）
4　知人・同僚のすすめ　5　上司・先生のすすめ　6　その他

本書の装幀（カバー），デザインなどに関するご感想

1　洒落ていた　2　めだっていた　3　タイトルがよい
4　まあまあ　5　よくない　6　その他(　　　　　　　)

本書の定価についてご意見をお聞かせください

1　高い　2　安い　3　手ごろ　4　その他(　　　　　　　)

本書についてご意見をお聞かせください

どんな出版をご希望ですか（著者、テーマなど）

泉　職員の士気が上がりましたね。「泉市長になってから、市役所職員がわしらのほうを向いて仕事をするようになった」と市民から褒められるようになりました。具体的には1つが、職員の窓口対応です。昔は市民が市役所の窓口に行っても職員は横を向いてぺちゃくちゃしゃべっていて、市民のほうを向かなかった。今ではもうエレベーター降りた瞬間に市民のほうに職員が走って駆けてくるようになりました。言葉通りに市民のほうを向いて仕事しているわけです。

もう1つは、市民が市役所に電話をかけたときの電話の応対がよくなったことです。昔は、市民が電話で職員にいろいろと話をしても、「いや、それは関係ありません」とか言い訳ばかりしていました。今は市民が電話したら、「じゃあ、見に行きます」とすぐに市役所から市民の元に飛んで行くようになったのです。

藤井　「活力のある組織」になるには、その組織のシステムや仕組みがどうこうという話もありますが、それよりもむしろ、中にいる人たちの士気がどれだけ高いのか、っていうことの方が大切なんですよね。でも日本の多くの政党や政治家は、すぐに「仕組みを変えて改革するんだ」なんて事ばかり口にする。自民党の新自由主義者たちや維新の人たちの政治的メッセージっていうのはそればっかり、という印象ですよね。でもホントはそうじゃなく、「意識」のほうが変わらないことには、どんな立派な制度やシステムをつくったところで、どうしようもないんですよね。

泉　お陰でこんなキャラが濃い市長だったのに、私が市長のときにもう人気が高まって明石市役所で働きたいという応募者が激増していったのです。

藤井　それは素晴らしい（笑）。でもそうなると優秀な方もたくさん来られたことでしょうね

泉　しかも働いている民間企業を辞めて明石市役所だけを受けるという方が多かったのです。公務員だったらどこでもいいというのではなく明石で働きたいと。明石市役所だったらやりたいことができるから、みたいな方が本当に多くなりました。どんどん職員のモチベーションが高まってきたと思っています。

藤井　ホント素晴らしいですね。そういう風にして、行政は活性化していかなきゃ、最終的に市民のための行政、なんてできないですよね。

第4章

出でよ！「活道理」の政治家

政党の応援なしで市長に立候補し当選できた

藤井　ところで日本の政治を考える上で、避けて通れないのは選挙の問題、ですよね。多くの政治家たちが、この「選挙」との距離感というか関わり方を失敗して、どれだけ初心で立派な志を持っていたとしても、その志をドブに捨ててしまうような政治家人生を歩んでしまう、というのが往々にしてありますよね。で、首長選挙とか議会議員選挙とかの日本で選挙っていうのは、「政党」が中心になって、選挙戦を戦う傾向が強いように思いますが、これに対し泉さんは、「政党はいらん」という立場だったんですよね？

泉　私は12年前に明石市長選に出たときから一貫してどの政党からも応援してもらったことはなく、こちらから応援を頼んだこともありません。既存政党に対しては得てしてボロクソに言ってしまいがちなので、応援を頼んでも来てくれないでしょう。

市長は市民の代表であり、どの政党の支持者であろうが皆市民なので、市民だけを見ていれば別に政党に気を遣う必要はないと考えています。だから、選挙も市民だけを頼りにやり続けてきた。それでも選挙には強かったのです。

2023年4月、私が辞めた後の明石市長選挙と市議会議員選挙、兵庫県議会議員選挙で、私はこの人と思う市長候補、市議会議員候補、県議会議員候補の合計7人を応援しました。結果は全員が圧勝で、市長選に至っては、いちばん大きな政党の候補者にダブルスコアで勝ったのです。市民は本当に今の明石の街で、「皆で一緒に頑張ろう」という感じになっています。

藤井　本来、地方政治では首長が「全体の親」として共同体を1つにまとめ、信頼関係の下で政治を行うべきもの、です。で、その政治が有権者に支持されれば次の選挙で勝つし、支持されないと敗れ去ることになります。ここに地方政治が民主主義の学校だと言われる所以があると言えると思います。

ところが、現状の地方自治体では、なかなかそのようにうまくいっていません。それこそ「俺は何とか党だから、何とか党の理念に基づいて政治するぞ。政策の正しさだとか、よその党の意見なんてカンケーない！」というような態度の市長が増えてます。特に大阪を中心とした関西の自治体では、そういうおかしなことが横行しています。要するに彼らのやっているのは極めて非・民主主義的、なんですよね。民主主義っていうのは決して多数決で勝った意見が全てを支配する、少数派なんてどうでもいい、なんて言う話とは全く違うわけですから。
その点、明石市は本当に民主主義の学校と言って良いような市政が展開されていったんじゃないかと思います。

泉　12年間市長を務めて、その間、いろいろな方々から批判も受けました。しかし、古い議員たちの頭が固くても、かなり大胆に子ども支援をはじめ新しい政策を掲げて大きな方針転換ができました。古い慣習に縛られていた市役所の職員にも、発想の転換が浸透してきたことで、市民のほうを向いた仕事をしてもらえるようになりました。これも12年間、常に市民のほうを見て市政を行ってきたからだと自負しています。

市長への復帰を求める署名を市民が自ら集めた

藤井　泉さんは2019年に明石市の職員に対する暴言で1回辞めたことがありましたが、その暴言報道があったとき、僕はちょうどテレビで、辞任されるニュースについてのニュース解説をしていたんです。で、そのときの報道の論調もそうだったんですが、泉さんは本当に明石市民からの人気と信頼が絶大で、「復帰してくれ」という署名がたくさん集まっているんだ、っていう話がもの凄く印象的でしたね。

泉　びっくりましたよ。駅前でお母さん方が赤ちゃんを抱えて署名を始めたので、「誰なんやろ?」と思ったのです。マスコミは「仕込み」だろうという穿った見方をしました。しかし私が全然知らない人たちばかりで、さらには高校生も立ち上がりました。

藤井　選挙権もない高校生が、なぜ立ち上がったんですか…?

泉　中高生はお金がないから、私は中高生用に無料のバンド練習所もつくったのです。

藤井　タダで練習できるのですか!?そりゃもう、学生のバンドマンたちにしてみれば泣いて喜ぶ話ですね。

泉　そうです。

藤井　だったら僕も明石に住みたかったですよ。奈良も大阪もスタジオ代が高かったですから（苦笑）。

泉　私も実は高校生時代、明石西高校のときにバンドをやっていました。でも練習する場所がなくてあの頃は困りました。

藤井　つまり、昔の自分に向けて、スタジオをタダにしてあげたんですね（笑）。

泉　当時は、お金を持っているドラ息子でも仲間にいないと、スタジオなど借りられませんでした。

藤井　そうそう。ただ僕が中学の時やってたバンドのドラマーは、田舎の田んぼのなかにある小屋が彼の部屋で、どんだけ騒いでも誰にも迷惑かかんなかったんで、みんないつもそいつの部屋にいって、ドラムもアンプもガンガンならして練習してましたね。でも、そいつがいないバンドの時にはスタジオ代がかかりますから、ホント、学生にはキツいんですよね。

泉　だから、中高生用の無料のバンド練習所を用意して、音楽で頑張りたい人間を応援したいと思い新たに駅前のビルの中につくりました。

そうしたら楽器練習をしている高校生たちも、私の市長辞任で「泉市長は自分たちのために無料の音楽スタジオをつくってくれた」と言って、復帰の署名活動を始めたんです。

藤井　ホントありがたい市長です（笑）。でもこないだ、関西のあるテレビ局が深夜番組で、愛すべき市長として泉さんを取り上げてましたが、そのときの番組タイトルが「暴言市長」でしたね。

泉　何でもいいんです。好きに言ってください（笑）。

藤井　でもその番組、タイトルは酷いですが、ホント、泉さんに対する愛に溢れた番組でしたよ。なんだかそういうところが、何だかんだいいながら、選挙で圧倒的な支持を得てしまうところなんでしょうね。

泉　市民はほんまにありがたい。選挙には圧勝しました。こんなキャラなのに、選挙運動で街に出たら、市民たちが「市長、マスコミに負けないで。私たちマスコミがいい加減なのはわかっているから」と言うんですよ。

藤井　それは、びっくりするぐらい本当なんですね。

泉　しかも市民たちが次々に駆け寄ってきて、「ありがとうございます」と口々にお礼を言ってくれるのです。子どもを連れてきたお母さんも、「あんたも頭を下げなさい」とか子どもにも言うので、こちらは「いや、いいですから」という感じで、本当に驚きました。

藤井　ただ、2023年には再び暴言騒動が起きて、泉さんは次の市長選には出ずに政治家引退を表明されましたよね。このとき、さらに市長を続ける、っていう選択肢はお考えにならなかったんですか…？

泉　この暴言騒動のきっかけは、2021年8月にコロナ禍で苦しんでいる飲食店などを支えるため、市民に配布する地域振興券をめぐって私と議会が対立したことです。私は全国のどこの市長も持っている専決処分という権限を行使して配布を断行しました。これを議会が「議会軽視」「独裁的」だと批判して、問責決議案を出してきたのです。

そんなとき、私はある小学校の創立150周年記念式典で議員たちと同席しました。つい議員たちに対して、「問責なんか出しやがって。おまえら、皆選挙で落としてやる」と言ったのです。

これを暴言だと報道されました。しかし相手は市議会の議員たちです。政治家同士で「落としてやる」とハッタリをかますことなんて、政治の世界では日常茶飯事じゃないですか。

藤井　そりゃそうです。権力闘争をするのが政治家ですからね。

泉　その騒ぎの直後に、司法修習生時代の同期である元大阪市長の橋下徹くんから電話があって、「1度目はトップが部下に対して脅したわけだから、どんな事情があろうがダメ。だけど今回の相手は議員だからパワハラには当たらない」と言われました。

藤井　確かにそうですね。でも、泉さんって、橋下徹さんとは仲良くされてるんでしたっけ…?

泉　仲良くと言うか、弁護士試験に通った年が一緒なので彼と同期となりました。私は社会人になってから受験して合格したので遅かったのです。彼もちょっとどうかしていたから、当時は暇だったんで、どうかしていた者同士で研修をせずにラクビーやったり居酒屋で飲んだりもしていました。当時はけっこう親しい仲でしたが、彼が政治に行ってからは結構ご無沙汰でしたけど。

藤井　なるほど。

泉　先日も公開で対談しましたが、今はその程度の関係です。別に政治的にどうこうということはありませんよ。彼もたぶんまた政界に戻るでしょう。でも、彼がつくった昔の大阪維新の会と、今の日本維新の会は違いますから、日本維新の会からは出ないと思いますよ。

今の政治家は責任も伴わずにやったフリばかり

泉　私も官僚批判をします。しかしそれには仕方のない面があって、官僚は与えられた課題を調整して実行するのが仕事なのです。リスクを負って責任を伴って決断する仕事じゃありません。それはやはり政治家の仕事です。まさに政治家が決断をするのです。

誰かから嫌われたり憎まれたり恨まれたりすることも含めて、政治家が決めて責任を負うのです。官僚に責任転嫁することなく政治家が腹を括って決断すべきで、それこそ大きな政策を動かすときには、決断あるいは英断がいるんです。

藤井先生は国土強靭化でも先頭を切られています。歴史をひもといても、大きな経済の変革のときにニューディール（新規巻き直し）が始まり、全部動いていく。そのときに総スカンを食うような政策でも、思いっきり政治家がやってこそ成功する可能性が高まります。やる以上、目的意識をはっきり持ってやり切らないといけません。中途半端なことでは効果も薄いのです。

日本の場合、「公共事業投資に対しての乗数効果がどうなるか」という議論はあります。私は経済の専門ではありません。けれども、それも含めて今の日本が低迷している状況を打開するのに「俺が腹を括ってやる」というのが本来の政治家なのです。

ところが、今は政治家が責任も伴わずにやったフリばっかりしていて、時間を無駄に費やしているという気がしますね。

藤井　僕は、今年の2月、他界されてしまった政治評論家の森田実先生にいろいろとご指導いただいてきましたが、その森田先生に「昔の政治家はどんなんでしたか」と聞くと、「昔の政治家は立派だった。戦争は2回経験しなければいかん。第1次世界大戦と第2次世界大戦をともにくぐり抜けてきた1800年代生まれの政治家は立派だった。ところが、第2次大戦しか経験してないような中曽根康弘あたりから、政治家はえらく小さくなったんだ」とおっしゃってたんですね。

だから、吉田茂、佐藤栄作、石橋湛山はすごく立派だった、でもニューリーダーと呼ばれたような中曽根や宮沢喜一だとか竹下登あたりから、小さくなった、というのが森田先生の見立てだったたんですね。でも、中曽根さんや宮沢さんが小さい政治家だっていうなら、いまの代議士なんて、肉眼で確認できないくらいめっちゃくちゃちっちゃい政治家になってるんじゃないか!? って話になりますよね。

で、森田先生がおっしゃってた「戦争をくぐり抜ける」ってことの大切さですが、おそらくそれで学んだものの1つはやはり、「賢さ」なんじゃないかと思います。当たり前ですが「馬鹿」は戦争で絶対に勝てない。必ず負ける。だから戦いにおいて「賢さ」はめちゃくちゃ大事です。次に「優しさ」も絶対必要です。国を守る、婦女子を守る、故郷を守る、部下を守るといった優しさがあってはじめて、本気で戦う気力が湧いてくるわけですから。さらに当たり前ですが、それが戦争である以上、強さ、気概が当然必要です。つまり、2回の戦争を通して、先程泉さんがおっしゃられた「賢さ」と「優しさ」と「強さ」、すなわち言い換えるなら、知・情・意がすごく鍛えられたんだと思います。

で、1回しか戦争を経験していない人たちは、それらが鍛えられたのはたった1回なので、たいして大きくなれなかったってわけです。

日本はいまやもう、経済で中国や韓国にやられたり、インドにもこれからは負けていくだろうとか言われていますす。日本には多くの優秀な人材がいて、本来ならそんなことはないはずなのに、どんどん負けていく。

これは要するに、戦争をたった一度も経験していない日本の今の政治家に「賢さ」と「優しさ」と「強さ」がかけているから、つまり、知・情・意の全てがちっちゃくなっているから、って言うことなんだろうと思います。本当に、すごく悔しいですね…。

だけど、かろうじて安倍晋三さんには、そういう素養があったように思いますが、それもやはり、岸信介という立派な人からの教育を受けていたからなんじゃないかなと思います。僕は安倍さんの信者でも何でもないですが、平成、令和の代議士たちの中ではやはり、賢さも優しさの点でもさして大きなものではないものの、他の現代政治家に比べれば、その小ささは幾分なりともマシだったと言えるんじゃないかと、思います。

いずれにしても、僕は「知・情・意」というものは、空間座標のX軸、Y軸、Z軸のように互いに直交する3つの軸であって、そして、その3つの軸で形作られる「立体」の大きさ、つまりその体積こそが、人間の大きさなんじゃないか、っていうイメージがあります。

泉　いい表現！

藤井　その立体の体積は、知・情・意のそれぞれがある程度大きくないと、大きなモノにはなりません。逆に、特定の軸だけがどれだけ大きくても、どれかが小さければ、その体積は殆どゼロに近づいてしまいます。例えば、どれだけ「賢さ」が大きくても、「優しさ」や「強さ」がなければ体積は全くのゼロ。賢いだけの奴なんてのは、何の役にも立たない、人間としてちっちゃいちっちゃい存在であって、単に小賢しいだけの「クズ野郎」って事になりますよね。「優しさ」だけで後は何もない人間も、結局は「おまえ、アホか?」というこ とになるし、「強さ」しかない人間って結局、単に粗野で粗暴で野蛮なだけの輩、って事になりますよね。つまりどれか1つだけではダメなんです。

さらに言うと、3つのうち、2つが優れてても1つがゼロだったら、結局これもまた、体積がゼロになってしまって、全く使い物にならない人間、っていうかむしろ有害な人間、って事になってしまいます。気概と優しさがあるのに知性がなければ、やたら正義感だけ振り回すけど、やることなすこと全部不条理で、破壊的なことしかしない、って事になりますから、相当ヤバい奴ってことになります。気概と知性があるのに優しさがなければ、殆どサイコパスのような恐ろしい犯罪者ですよね。最後に優しさと知性があるのに一切気概がない奴って、良いこと言うんだけど、結局何にもしないで、四六時中ウジウジウジウジしてる奴ですから、結局こんな奴も何の役にも立たない鬱陶しいだけの、迷惑千万な奴、っていうことになります。

だから結局、賢さ、優しさ、強さ、すなわち知・情・意の3つの軸でかたちづくられる立体の体積の大きさが、人としての器であり、能力であり、人間の素晴らしさの尺度だっていう事になる。だから、知情意のバランスが必要なわけで、そのバランスをとりながら、どれだけ、知情意のそれぞれが大きなものになれるのか、っていうのが、人間の究極的な人間力の大きさだっていうことになるのであって、その人間力の大きさがそのまま、政治家としての資質であり力量なんだと思います。

泉　政治家としての資質を問題にするのなら、当然それに選挙も無関係じゃないでしょう。やはり選挙は戦いであって、選挙を通してまさに市民の心をつかめるかどうかで、大きな違いが出てきます。

しかし2世議員などが有権者、市民、国民を見なくても選挙で当選を続けてしまうという構造も、政治家の小物化を招いていると思いますね。

藤井　ホントそうですね。「戦争」が知情意のそれぞれのレベルを上げて、より大きな立体になることで、人間力が拡大して、政治家の資質のレベルが上がるって申し上げましたが、結局「選挙」っていうのも戦争と同じ戦いですから、それと同様の効果があるんでしょうね。で、知情意のレベルが高くて人間力が大きければ戦争に勝てるように、選挙にも勝っていく、っていうことにも繋がる。きっとそういうのが、本当の正しい選挙のあり方なんでしょうけど、今の選挙はもう、人間力勝負じゃなくなって、どの政党に属してるかとか、その政党の幹部にどれだけ気に入られてるかとか、2世議員でどれだけ地盤引き継いでるかっていうことが、選挙で重要になってきちゃって、ますます政治家たちの人間力がちっちゃくなっちゃってるんでしょうね…。ホント、民主主義が機能不全に陥っている状況ですね…。

日本人の心をつかんだ田中角栄の人気は当然だ

泉　ホントそうですね。例えば、1983年10月、ロッキード事件の一審判決で有罪になった田中角栄は即日控訴して、2ヵ月後に行われた総選挙に出馬しました。この選挙で彼はトップ当選はもちろん過去最高の22万票を取ったのです。

ロッキード事件の有罪で叩かれまくって、マスコミからもネガティブキャンペーンを張られたのに、得票が22万票まで跳ね上がりました。「いったい何が起こってんねん」と思って、20歳だった私は電車を乗り継いで、彼の選挙区である衆議院新潟3区の長岡市に向かったのです。12月でも東京は小春日和でしたが、長岡に着いたら2メートルの雪が積もっていました。

本人は東京にいて、ここにはいませんでした。しかし後援会である越山会の事務所を訪ねると、「にいちゃん、よう来たな」となかに入れてくれました。そこの爺ちゃん、婆ちゃんたちは、口々に私に向かって切々と語ったのです。

「東京の人らは角栄先生のことをボロクソに言う。でもそれは違う。昔、山向こうの子どもは病気になると病院に行くにも山を越えなければいけなかったので、間に合わなくて亡くなることもあった」

「角栄先生のお陰で山にトンネルが掘られて、山向こうの子どもたちもすぐに病院に行けるようになったから、命が助かっている。もちろん老人たちも同じだ」

「お金のことではいろいろあったかもしれない。でも角栄先生は、わしらの命のために必死に働いてくれた」

感動しました。すごい。東京で新聞を読んだり、テレビを見ているだけではわからないことです。現地に行ってみると、雪深いなかで子どもを亡くしてきた方々の悔しい思いを受けて、彼は政治をやっているんだと実感しましたね。

藤井　僕がこれから実現しなきゃならない、っていう政策的、政治的な構想を考える上で、田中角栄は僕にとってものすごく重要な政治家ですね。何と言っても、僕がイメージする日本再生の構想は、「日本列島改造論」が、その思想の原点になっているというか、角栄のその列島改造論をこの21世紀の日本の状況を踏まえた上で改めて構想し直したもの、と言えますから。
でも、戦後日本の世論空間の中では、列島改造論っていえば日本中を全部コンクリートで埋め尽くして近代化し、自然を破壊するようなことやりやがったとんでもない奴、というイメージが蔓延してしまっています。だから今の日本人の中にも角栄についてもそんなイメージで捉えている人は実に多いんじゃないかと思いますね。

でも、そんなことは全くないんです。実際、『日本列島改造論』の本を読むと、「故郷を守りたい」という思いが全編にわたって溢れている。確かに角栄は、金脈政治だなんだとすごく叩かれるようになりましたけども、当時、角栄にあれだけの国民的な人気があったのは、角栄の思想、思いが、日本人の心を確かにつかんだからなんだと思います。

そんな令和の日本においても未だに角栄が理想とした、「兎追いし　かの山　小鮒釣りし　かの川」という風景がまだ心に残っている人がまだまだたくさんおられる。そして、昔はもっともっと強烈にそういう思いを持った方がおられたことでしょう。そして、田中角栄は「国際競争で勝ち残るためにも都会を豊かにすることは大切だけれども、田舎をもっともっと豊かにしていく」ことを目指していた。むしろ、国際競争で勝ち残るための都会を豊かにしていくというのも、最終的には日本の心、ふるさとを大切にするための絶対条件だと考えていたんだと思います。そうじゃないと、外国の支配下に様々な形で置かれてしまう事になるからです。

泉　藤井先生は、国土強靭化論者ですね。

藤井　はい、僕が国土強靭化論を打ち出したのは、平成という時代でした。東日本大震災と福島の原発事故という、未曾有の歴史的な国難的状況のなかで「強靭化」という言葉を使い、その日本再生のイメージ、思想を表現しようとしたわけです。しかしその国土強靭化論は平成版の列島改造論なわけです。彼の思想がいまだに国土計画に大きな影響を与えている点で、さっき言ったように、彼はすごく重大な政治家なのです。

泉　列島改造論は東京一極集中の是正が大きな狙いの1つでした。

藤井　そうです。国土強靭化の中心的狙いも、そこにあります。やはり東京一極集中というのは国土政策上の最大の問題です。日本の人口の30％が東京に集まっています。かつては人口の15％程度しか東京にいませんでした。人口の15％なら、ニューヨーク、ロンドン、ローマなどの先進国の大都市とそんなに変わりません。1950～60年ぐらいの時点ではG7の諸国の一極集中度はほとんど一緒だったのです。

それがバカみたいに東京ばかりに投資して、地方には全然投資しないから、鰻上りで一極集中度が上がってきて、今は30％を超えるようになってしまった。

首都に一極集中するというのは、典型的な発展途上国の国土運営です。日本はメキシコシティやソウルがあるメキシコや韓国とかと同じようになってしまっています。日本はもうけっして先進国ではありません。

泉　衰退の道に入ってしまいました。

藤井　我々は「分散型の国土」「均衡ある国土の発展」という言葉をずっと使ってきました。田中角栄は「地方を豊かにして地方の過疎と故郷の衰退を防ぐとともに東京を過密にしないために列島改造論が極めて重要だ」と主張していたわけです。それで彼は自分の郷里である新潟に新幹線を引いたり、高速道路をつくったりしたのでした。

政令指定都市がどこにあるかを示した地図を見ると、本州の政令指定都市はほとんど太平洋側にあります。ところが、1つだけ日本海側にある政令指定都市がある。それが新潟なんです。だから、彼は列島改造論の理念を全国に発信するとともに、自分が責任を持つ新潟を発展させてみせることによって東京一極集中、太平洋ベルト地帯一極集中に本気で抗い、現実に一矢報いた政治家だった、ともいえるわけです。

そればかりでなく、彼の薫陶を受けた国会議員のひとり、小里貞利さんは、北海道まで新幹線を引き、鹿児島まで新幹線を敷くことに尽力しました。また彼が、阪神淡路大震災のときに復興を担当する大臣まで務めたのも、田中角栄の薫陶を受けたからだと言うこともできるように思います。

政治の可能性を感じる国民による政治家の評価

藤井　田中角栄は最終的にロッキード事件等々で、アメリカに潰されたというのが一般的な解釈だと思います。それでもその後の日本の総理大臣は、安倍さんまでは、容易くアメリカの100パーの手下に成り下がることを避ける主体性をギリギリ保っていたところがあるようにも思います。

しかし、現在の岸田文雄総理大臣に至ると、もう完全に人間力、知情意の立体の体積が「ゼロ」になってアメリカの腰巾着以下の存在に成り下がってしまったんじゃないかと感じてしまいます。「優しさ」はほとんど確認できません。一見優しそうに見えますがそれは単なる気の弱さであって、気の弱さと優しさは似ていても全く異なるものです。「賢さ」も、後で説明する「活道理」の観点で言うとあるとは思えない。「強さ」というものについてももちろん、ほとんど見いだすことができない。いわば「親分」であるアメリカのバイデン大統領に対する彼の振る舞いを見て、心底うんざりしている国民は実に多いんじゃないかと思います。こうした「岸田総理問題」というものは、今の日本の危機の本質そのものではないかと僕は思います。

自民党というものを総理大臣を選ぶフィルターだと考えた場合、岸田さんのような人間こそ最初に総裁候補から排除するのが、あるべき自民党の日本国家における重大な役割だったはずです。でも今回、そのフィルタリングに失敗してしまった。誰だって基本的人権があるから、岸田さんそのものに罪はなにもない。普通の人間として生きている限りにおいて立派な真面目な方だと評価してもいいでしょう。けれども、「総理大臣」つまり『宰相』としては、あの人間力の小ささは、決定的に問題です。だからそうした方を政治家にし、かつ総裁にしてしまったという自民党はもうここまで劣化してしまったのかと、心底残念に感じています。

泉　政治の決断ではいろいろなスタンスや選択肢があっても、最終的にはそれらの政治家を国民自身が選ぶことになります。

ただし私は、少なくとも政治家にはやりたいことや国家観、国民に対して何を提供するのかという強い愛などが求められると思うのです。自分の状況だけしか考えないような人がトップだと、国民としてはちょっと寂しい限りです。やはり政治家の人材の危機かもしれません。

藤井　知・情・意の体積があって初めてノイジーマイノリティ（うるさい少数派）と対抗することができ、賢さ、優しさ、強さでサイレントマジョリティ（静かな多数派）のための政治ができるはずなのです。だから、知・情・意の体積というものこそが政治家を選ぶことにおける唯一の基準であるはずなのに、その基準が日本国家では完全に壊れてしまっている。それが如実に表れたのが、先の自民党の総裁選だったんだと…思います。

有り体に申し上げて、岸田総理の佇まいを見る度に僕はもう、日本の政治はこれで終わってしまったんじゃないかという気持ちになってしまいます。当方がこれ以上社会提言活動を続けても何の意味もないんじゃないか、そういう絶望的と言いうる気分に陥りそうになってしまう程にそれは強烈な出来事でした。もちろん、そういう気分になってしまう、というだけで、日本の正常化に向けた試みを諦める積りはありませんが、とんでもなく厳しい状況になってしまった、というのは紛れもない事実なんだと、冷静に認識しています。

泉　しかし私は政治に、なかでも選挙にはまだ可能性を感じています。田中角栄はあれほど叩かれても22万票も取りました。私も4年前に叩かれまくりました。けれども署名が集まって選挙をしたら圧勝した。去年も2度目の不祥事と言われてマスコミから批判されました。しかし今年4月に明石市長選など応援をすると、私がマイクを握ったとたんに市民たちが列をなして私に「ありがとう」を言うために並ぶわけです。政治家冥利に尽きる状況でしたね。

藤井　泉さんのそのお話も、まさに田中角栄現象ですね。

泉　40年前、新潟3区の有権者が東京マスコミに叩かれれば叩かれるほど田中角栄を守ったように、私も暴言で辞任した後の市長選で非常に多くの明石市民から極めて力強い応援をいただきました。

それで明石市民は、他の街の人たちから「あんな口が悪くて闘いまくっている市長をよう守ったな。普通なら守れへんのに」と褒められているんですよ。

市民は私を見てくれていたという意味で、自分としてはとてもありがたいし、同時にそういう意味で先ほど言った政治の可能性も感じるのです。

国会議員は国民のために議員立法にも力を入れよ

藤井　田中角栄は先程も申し上げましたが金脈政治ということですごく批判を受けまし

たけれども、やはり日本人の心をつかんだ政治家であったこともまた間違いない。ストーリーをちゃんと理解する知も、あらゆる人々の気持ちを理解する優しさもあった。そして、弱い人のために臆せずになすべきことをなす強さもあり、人間力、政治家としての大きな力量を持った立派な政治家であったと感じています。そういう政治家が今、日本にいれば何とかなるはずなのに、と思います。

泉　私も同感で、彼は愛のある政治家だったと思います。日本という国に対する愛もありました。だからアメリカべったりじゃなくて、まさに自分たちの国を自分たちで何とかしようという強い意識も持っていました。

藤井　角栄は議員活動も地道にやっていて、国家と国民のために議員立法もたくさんつくったんですよね。

泉　そうですよね。彼はやたらに議員立法をつくって、道路財源を生み出し高速道路をどんどんつくれるようにするなど、国内にお金が回るようにしました。

実は私も国会議員のとき、1人で1年間に7本の議員立法を通したのです。それで衆議院の法制局に「議員立法の多さは田中角栄さん以来です」と言われました。

藤井　それは凄いですね。やはり泉さんは弁護士ですから、法律の話は他の議員さんたちよりも圧倒的に強かったんでしょうね…？

泉　とはいえ弁護士は法律を解釈する側で、国会議員は法律をつくる側です。既存の法律については疑問の多いものが多かったため、私も国会議員の責務としてよい法律をつくらなくてはいけないと思ったものでした。

私が手がけた議員立法は、例えば年金をピンハネするような悪徳商法を禁止する法律や、年金をもらえない障害者を救済する法律のほか、高齢者虐待防止法や犯罪被害者基本法などです。

ただし私は当時、野党にいましたから、議員立法を国会で通すためには与党の議員との交渉が不可欠でした。それで、自民党の議員とも組んだりして、超党派で他の議員たちからも支援を得るようにして議員立法の可決に漕ぎ着けたのです。そういう点では、他の議員との交渉にもかなり時間を割きました。

藤井　国会議員としては、トップダウンの明石市長とはまったく違った役回りを演じられたっていうことですね。

泉　動き方からすれば、そう言えるかもしれませんね。ともかく議員立法は得意でした。国会議員としては谷間のテーマを着実にやっていくのもありでしょう。しかし今のように物価が上がっている状況だと、政府がもたもたしているなら、ドラスティックに国民全体のために給料を上げるような議員立法にも取り組むべきです。

国会議員の責務として政府の尻を叩くと同時に、自ら国民の生活のためになる立法にしっかり取り組んで欲しいと思っています。

ノイジーマイノリティとサイレントマジョリティ

泉　例えばバスの路線設定でも、たいていの地域の有力者は「わしの家の近くに停留所をつくれ」と要求するものです。だから私は「いやいや、あんたはベンツを乗り回しているし。停留所にバスを止めても乗らん人でしょ」と撥ねつけてきました。そんな声の大きなノイジーマイノリティに従ったら、赤字になるに決まっています。

藤井　そういう親父に限って、「停留所は、わしにとって便利なようにわしの家に近くないとあかんぞ、でも、わしの家の前には置くなよ、邪魔だから」と言ったりするんですよね。ホント、そういう公的なマインドのなさには辟易しますよね。

泉　ノイジーマイノリティに引っ張られて行政をすると実際の効果が出ないし、結局、失敗していまいます。

だから政治家はノイジーマイノリティの不合理で理不尽な要求に屈することなく、サイレントマジョリティの真の要求を把握して、それに臨機応変に対応していくことが大事なのです。

藤井　中央政府や地方政府の政治・行政に対して、これまでいろんな立場でお手伝いして参りましたが、そういう現場ではホントに、ノイジーマイノリティ・ポリティクス、つまり、五月蠅い声の大きい人に引き摺られる政治になってしまっています。特に、権限が強い政治の現場の方が、甘い汁を吸えるように政治を歪めてやろうっていういろんな勢力がより多く近づいてきますから、どうしても、中央政府の方が、とりわけ、首相官邸周辺や与党の方が、ノイジーマイノリティの圧力が強くなってしまって、そういう声に引き摺られる傾きが強くなってきます。

例えば今の官邸の代表的なノイジーマイノリティとは誰かと言うと経団連であり、ホワイトハウスであり、財務省です。日本の政治はだいたいこの３つの組織（いわば圧力団体）の力学で動いていると見ればもうほぼほぼ彼らの振る舞いを説明・予測できるという状況になってきているように思います。

実際、政権を運営するときには、ノイジーマイノリティの言うことを聞いておけば楽なのです。財務省が協力してくれないとどんな政策もできない。外交は全部アメリカの言う通りにしておけば、ややこしい交渉は全てスキップできる。経団連の言うことを聞いておけば国内の経済政策は全て円滑に動く。だからこの三者の言うことを聞いておけば、政府内の調整、内政、外交の3つが全て円滑に進むようになっているわけです。

ただ、残念ながらノイジーマイノリティと、日本国民の大多数を占めるサイレントマジョリティとの利益は必ずいろんなところで相反する。だからノイジーマイノリティ・ポリティクスをやればやるほど、官邸は楽に政治を進めることができるようになる一方で、100%間違いなく、絶対確実に日本は衰退し、国民が不幸になっていくわけです。

これは極めて不合理なことですが、残念ながらそれが今の日本の現実なんです。で、何でそうなっているかと言うと、これまで何度も指摘したように、結局は、政治家の皆さんの「愛」が国民じゃなくて「自分」に向いてしまっているからです。で、こういう構図は決して今の岸田内閣にだけ存在しているというわけではなく、多かれ少なかれ、自民党政権であろうが民主党政権であろうがそういう傾向が戦後の我が国中枢には確実に存在しているわけです。

これを乗り越えるのが今の日本の最大の課題なんです。

そしてそこを乗り越えているのが泉さんのような政治家なんだと、僕は思います。

もちろん、ノイジーマイノリティを乗り越え、サイレントマジョリティの皆さんのための政治を推進しようとするのは、実は残念ながら相当な政治力が必要になってきてしまっています。

もともとノイジーマイノリティで動いてきたボンクラ政治家どもが、ずっと首長をやったり総理大臣をやったりしてきたので、「前のトップは俺の言うことを聞いとったぞ。何でおまえ、聞かへんねん。この俺に反抗するか⁉」っていう反応が必ず返ってくるからです。だから、当たり前の政治をやろうとすると実に様々な妨害を受けることになって、政権運営がヤバい状況になるのです。

でも、それをなんとかすることこそが政治家の仕事なわけです。で、その時重要なのは、ただ単に、ノイジーマイノリティと喧嘩することじゃない、っていうところ。例えば明石市の地域振興券の話では、タクシー会社の経営者から「地域振興券をやめろ」という電話かかってきたときに、泉さんは「いや、そうじゃなくて、そのほうがおたくも儲かるようになるのですよ」と言って説得したわけですよね…？

泉　みんな大事な明石市民には違いないですから。

藤井　そうなんですよね。経団連だって日本国民だし、財務省だって日本政府の仲間だし、アメリカだって外交上は中国やロシアや北朝鮮と対抗する上での仲間なわけで、決して、完全なる敵対勢力でも何でもないんだから、けっして我々は「おまえなんかどうでもええんや。ノイジーマイノリティなんてわしは嫌いなんや。サイレントマジョリティのために政治をやるんや」とは言ってはいけないですよね。「ノイジーなおまえ」とは言わないで、「国民が豊かになったら、長期的にはあなたにも利益になるのです」と言えば納得させられるはずですよね。つまり、うまくやればサイレントマジョリティとノイジーマイノリティの利益を相反するものではなく、共にＷｉｎ・Ｗｉｎの関係をもたらす調整は絶対に可能なはず、なんですよね。

例えば日本経団連の場合も、消費税増税で還付金の小銭をもらうより、内需が拡大して自分たちがつくったものを国民にいっぱい買ってもらったほうが、絶対に得になるに決まっているわけです。

ホワイトハウスだってこれから中国と対峙しなければならないときに、日本がフィリピンぐらいの軍事力になってしまったらほとんど使えなくなるのだから、アメリカにとっても不合理です。日本はやはり中国に対抗できるぐらいの経済大国になって、それで一定の防衛力を持ったら、「アメリカにとってもお得でっしゃろ」ということになります。

さらに財務省に対しても、「おたく、税率を上げたりすることが目的ではなくて税収を上げたいんやろ。税収を上げたかったら、GDPを2倍にすれば税収は2倍から3倍になるんや。だからもうノイジーマイノリティ勢力としてキャンキャンキャンキャン言わんと、ちょっとわしの言うことを聞いて国民を豊かにしたら、長期的にはおたくの得になるんやから」と首長や総理大臣が言うことができれば、日本は財務省に協力してもらいながら成長を遂げられるはずです。

しかし愚かな政治家はそんなことをしないわけです。一方で泉さんは、そういうサイレントマジョリティとノイジーマイノリティの間の対立を調整しアウフヘーベン（止揚）を導くことをめざし、それを実現された素晴らしい事例を提示しておられるんだと思います。政治はそういう方向を目指すべきなんだと思います。

泉　シビアな政治家がノイジーマイノリティの不合理で理不尽な要求に屈することなく、サイレントマジョリティの真のニーズを把握して、それらに臨機応変に対応していってこそ、ちゃんとした政治が成り立ちますからね。

死道理の政治家は多く活道理の政治家は少ない

藤井　で、そういうサイレントマジョリティとノイジーマイノリティの間のアウフヘーベン、あるいは、両者を同時に満たす「答え」（一般に、「合」と言われます）を見つけ出すには、政治家において、どうしても高い「知性」が求められます。

ただし、その時に求められる知性は、（例えば先程田中角栄にはあるんですよ、という形で申し上げてました）「活道理」なんです。

そもそも知性にも2種類あるっていわれています。江戸時代の学者の会沢正志斎などが言っていた日本のキーワードで言うと、それが「活道理」と「死道理」です。

「死道理」とは、例えば物理の「公式」などをつかって、物理学の試験問題が解けるようになる、というような時に求められる知性で、いわゆる「受験勉強」で養われるような能力です。いわば、教科書だけで、あたまでっかちなだけで、机上の空論だけで解けるような問題を解く能力です。言い換えれば、死道理は静的（スタティック）なもの、死んでいるものを無機物的に理解する能力です。

もう1つの「活道理」というのは全然ベクトルの違う能力で、「活物を活物のまま理解する能力」です。例えば、経営者の大局的な経営判断だとか、子どもを育てる時に叱るべきなのか褒めるべきなのか何も関わらない方がいいのか関わるべきなのか…そういう「答え」のない問題を解く際に求められる知性です。

こうした活動理が求められるような現実問題には、あたまでっかちで、机上の空論を考える知性である死道理では全く役に立ちません。あらゆる状況を把握し、いろんな人たちの立場にたって、彼らがどう感じているのか、そういう人達の全体的なパワーバランスがどうなっていて、そのパワーバランスがこれからどういう方向に動いていくのか、という、文字通り自身の「全身全霊」をその問題に対して投じて全体的な把握を目指し、文字通り自身の「全身全霊」をつかってその問題の乗り越え方を考えることが必要です。そういう、いわゆる「計算」だけではない、五感をフル活用して、「全身全霊」をかけて問題に取り組んでいくことこそを十全に可能とする知的能力こそが、「活道理」と呼ばれるものです。そしてこの活道理こそが、政治的な様々な課題を解決していく上で求められているものであって、それは死道理とはまったく別の、異次元の知性なんです。

で、今の日本には、死道理の高い人間は実に多い。東京大学や京都大学などのいわゆる一流大学を出た人というのは、一様に皆「死道理」の水準は高い。そもそも学校では「死道理の教育」ばかりやってますし、入試そのものが死道理の水準を測るためだけのテストになってますし、大学教育でも結局死道理の教育ばかりやっている。

一方で、活道理の方は、そんな学校教育、ましてや受験勉強では身につかない。それこそ子どもの頃から近所の川や池で鮒や鯉を捕まえたり、友だちと喧嘩したり、弱い子を守ってあげたり、隣のクラスと喧嘩したり、っていうような体験の中でしか磨かれてはいかない。あるいは、なんらかの深刻な問題に直面したときに、これまで「死道理」で学んだいろんな知識も一部援用しながら、しかし、そんな「死道理」だけでは到底太刀打ちできないということをハッキリと感じながら、その目の前の問題を強靭な意志でもって乗り越えようとする経験…といったそんな経験を通して徐々に徐々に鍛えられていくのが、活道理です。

僕は子どものころ、学校で死道理を「勉強」するとともに、活道理を鍛えるいろんな「遊び」にも相当程度の時間を投入しようとしてきました。まぁ、そう言えば聞こえはいいですが、いわゆるずっと「遊びたい」けれど、「勉強」もせにゃいかんから、「勉強」については可能な限り最小化して、残った時間は自分がやりたい「遊び」に全て投入しようとしてた、っていう当たり前の子どもだったわけですね（笑）。

とはいえ、中学生や高校生になって、受験勉強ということをやらざるを得なくなったとき、相当意図的に「遊び」の時間を確保しようとしました。その時本能的に思っていたのは、いわゆる「勉強」ばかりやってると、僕は僕でなくなってしまう…という本能的な直感でした。子どもである自分がこれから育っていくにあたって、こんな「死道埋」を鍛える勉強だけに時間を費やしてるなんて、絶対なんか間違っている、っていうことを心の底から強く感じていました。

一方で、「遊び」と言われる友だちとの時間や山や川での遊び時間や好きな本や音楽に時間を使うことは、自分自身のこころというか精神というか魂を悦ばせるにあたって絶対必要だし、むしろそっちの方が死道理のための下らない勉強なんかよりも絶対重要だ…という感覚が僕の中にはずっとあったわけです。

ところが、大学や学会、とりわけ、霞が関や永田町を見ていますと、死道理のレベルは皆一様に高いくせに、活道理のレベルは驚くべき程に低い人が実に多い。っていうか、だいたい死道理のレベルの高い人は概して活道理のレベルは滅茶苦茶低い。おそらく、僕が子どもの頃に感じた本能的な恐怖心、このまま死道理のための勉強ばっかりしていたら、自分は自分でなくなってしまうのではないか、という恐怖心を全く持たないまま、生きてこられた方が多かったのではないかと感じてしまいます。いずれにしても、僕が「今の政治家に知性がない」と言うのは、「死道理」の不足について言っているわけではなく、あくまでも、「活道理」の不足についての話なわけです。

泉　活道理と死道理というのは興味深い考え方ですね。

藤井　活道理があればダイナミックな動的なものを動的なものとして理解できるので、予測もできるようになります。「こうやって風を吹かせたらこういうふうに桶屋が儲かる」というのが見えてくるわけです。

そこで財務省に対しては、「そんな風を吹かせたら、桶屋が潰れる。風を吹かせるな」という趣旨で、「消費税を上げたら、結局財政がエライ悪化することになるで！」と警告を発し続けているわけですが、そういう見通しは死道理では絶対にわからない。結局財政当局は当方のそういう警告を全て無視し、ひたすらに消費税を上げるためのゲームをひたすら進めています。まさに死道理に支配された組織の恐るべき不条理と言う他ありません。

同様に、当方なりの活道理に基づいて「公共事業をやらないと日本がおかしくなる」「インフラにどんどんお金を使うべきだ」と主張しているわけですが、これもまた、死道理に支配された現在の定説とは大きく異なり、なかなか現実化していかない。

例えば、今の岸田内閣なら、「田園都市構想」を考える上でも、驚くべき事に田園都市の保全、高度化にとって最も抜本的な効果がある、それこそ角栄が主張していたようなインフラ政策ではなく、「デジタル」が大事なんだっていう話になっている。こうした岸田内閣の風潮は典型的な死道理に基づく軽薄な誤解です。何でもかんでも「今の時代はデジタルが大事なのダ〜」という通り一遍のイメージに基づいてやろうとするのはさながら、物理の教科書に書いてある公式を人間が関わる産業や経済や経営、ひいては社会や文化や芸術全ての問題にまで適用しようとする典型的な死道理的対応です。

でも、そんな死道理でしか物事を判断しない人にとっては、どれだけインフラの重要性を客観的根拠に基づいて主張しても「いまさらインフラかよ…」というだけのステレオタイプな理由で拒否されてしまうわけです。

泉さんならそんな通り一遍の死道理的対応をなさらないのではないかと思いますが、いかがでしょう?

泉　私は、政策を立案するときにはいつも長期的な視点から考えてきました。継続的な効果をもたらす政策は、その成果が出るまで時間がかかることが多いのです。

藤井　明石市の商店街の話にしても、子育て支援にしても全部スパイラルで、ぐるっと回ってだんだんよくなっていくという話ですよね。けれども活道理がないと、デフレスパイラルも、インフレスパイラルも、シャッター街化スパイラルも、商店街活性化スパイラルもわからない。なぜなら、「スパイラル」というのは、動きのある現象なので、静的な動きのない現象しか理解できない死道理では、ちんぷんかんぷんになってしまうわけです。

保守で積極財政志向の政治家がいなくなった

藤井　ところで今日はこうやって泉さんとあれこれ話をして参りましたが、その中で改めて感じていたんですが、そもそも僕はこれまで「政治家って面白い仕事だ！」って思ったことはホントに今まで一度も全くの全くなかったんですが、泉さんの話をあれこれお聞きしていると、市長って随分と面白いお仕事なんだなぁなんて、初めて思いましたです（笑）。

泉　市長は　藤井先生に向いていますよ。選挙に通ったら市長になれますよ。

私の場合、テーマ的に言うとメインは国家全体の話とかではなく、やはり子どもや、障害を持っている弟のこともあって障害者でした。子どもや障害者福祉の場合には市町村レベルでやれることもかなりあります。私はまずその成功事例をつくってみたかったのです。ただし子どものときは貧乏漁師のせがれですから、周りに政治家もいない状況でしたし、当時の自分の目標設定としては、市長が精一杯だったというのも本音ですね。

藤井先生は安倍さんとの関係も含めて、国家の中枢にずっとおられたわけだし、まだ50代半ばですから期待できますね。

やはり「思い」が大事です。藤井先生の場合は、いわゆる保守の中枢にいながら国民目線だから特に貴重です。そういう人はなかなかいないのです。保守の中枢でも国民目線から遠い方が多いし、俗に言う財務省にべったりという方も多い。

「国民への愛」と書いたら保守と思われがちだけど、私なんか昔から、ときたま市民活動とかの左系もやってきました。けれども私は昔から心情右翼と言われていて、やたらヤクザに人気があるんです。

藤井　泉さんの心情は完全に任侠なんじゃないかと思いますよ（笑）。

泉　困っている人を助けたいだけであって、そこに右も左もありません。

藤井　そうですよね、任侠というのは強きを挫き、弱きを助けるというものですから、任俠っていうのは、一部、セーフティネット的でもあるわけですよね。で、そういう弱者を助けるっていう部分は、時に「弱者救済」を旨とする左翼の活動ともかぶるときがある、っていうことなんでしょうね。だから、左系の市民活動に参加されることもあったんだろうと思います。とはいえ、「明石市の子どもは全部俺の子どもや」と言う左翼の人間、っていうのは基本おられないと思いますよ。そんな事いったら、変な風に誤解されちゃいますし（笑）。

泉　左翼は頭でっかちで理屈ばかり言っていますからね。口では「国民、国民」と言いながら国民のためになるのかわからないような頭でっかちの左翼に対して、「保守本流だ」と言いながら国民のことを考えていない人も多い。しかし本気で国民のことを考えてこそ保守本流と言えるのではないでしょうか。「今の生活を守れよ」「家族を守れよ」と言いたいですね。

藤井　国際政治学者と称する三浦瑠麗さんが書いた政治家や言論人の分類図というのがあって、それで「藤井聡」っていうのが、なんだか特殊なところに分類されてるんです。その分類っていうのは、保守と革新、保護的経済政策と競争的経済政策による分類図なんですが、言論人や政治家を保守・保護、保守・競争、革新・保護、革新・競争の4パターンに分類するんですが、保守・保護というのは「僕ひとり」で、後は皆、それ以外に分類されてるんです。

例えば、れいわ新選組代表の山本太郎さんは積極財政で保護政策推進なので、その点は僕と同じなんですが、保守・革新の軸が僕とは真逆（軸の逆、という趣旨のわかりやすさを優先してそう表現させていただきますが）で、革新・保護に入ります。安倍さんは保守だっていうところは僕と同じなんですが、新自由主義的で、保護と競争の軸では僕と真逆になるので、保守・競争になります。大体今の「保守」を名乗る政治家や言論人はみな、この安倍さんの保守・競争に分類されます。

ただ、かつての田中角栄や池田勇人は僕が分類された「保守・保護」のカテゴリーに入る政治家だった、っていえると思います。つまり、彼らの時代では新自由主義ではない政治家が自民党の中心だったのに、そういう勢力が自民党の中でどんどん先細って、僕ら以外は誰もいなくなってしまっているわけです。

泉　そうかもしれませんね。

藤井　自民党の派閥で言うと、保守本流というのは本来、宏池会であるはずなんです。しかし岸田さんは何をしているのでしょうか。

泉　所属は宏池会でも保守本流とは全然違いますね。たぶん自信のなさが大きいのでしょう。官僚に対する引け目のようなものがあるのかもしれません。

藤井　岸田さんの「新自由主義からの転換と所得倍増」は、当方や田中角栄や池田勇人なりが言っていることと全く同じ方向の政策方針でした。つまり「保守」でありかつ「保護」の方針だった。なのに彼は総理大臣になった瞬間に全部真逆に走ってしまいました。そして、安倍さんたちと同じ、完全な新自由主義路線に舞い戻ってしまって、保守・競争になってしまった。

泉　中身がなかったんですよ。新しい資本主義にも期待したし、所得に焦点を当てるのも国民目線だから結果に対して責任も負うという覚悟みたいなところにみんなの期待感があったのです。それが一瞬でなくなってしまいました。外交や防衛政策には賛否がいろいろあることはわかります。けれども、逆に言うと、あまり考えがないんでしょうね。そのときの成り行きでいろいろとやっているだけに見えます。

アメリカの言いなりの政府では、国民は地獄に落ちる

藤井　結局岸田さんは、首相官邸において吹き荒れている「ノイジーマイノリティ」の嵐に一瞬でなびいてしまったのでしょう。つまり、政策路線は財務省が指導する方向に、経済政策は経団連が要望する方向に、外交政策はアメリカの言う方向に全て方針転換させたわけですね。

例えば日本の隣にはロシアという核保有国があるわけです。もちろん日本はロシアに対して、そのウクライナ情勢について批判する必要はありますが、だからといって、完全に敵対するまでの必要はない。にもかかわらず岸田さんは、ロシアに対してずっと激しい攻撃的な批判をくりかえし、ウクライナを徹底支援する行動を取り続けています。そういう態度はアメリカはもちろん大喜びでしょうし、実際、バイデンはそういう岸田さんを例えばG7の会合で他の首脳たちの前でべた褒めしていますが、それはアメリカの国益には叶っていても、日本国家の安全保障リスクを肥大化させているんだってことを我々は忘れてはなりません。

泉　私は市長だったので外交や防衛政策については発言しないことにしてきました。今は辞めたので申し上げると、日本のトップは国益と日本国民の利益を最優先しなければならないのだから、アメリカ、中国、ロシアに対する関係性も、その日本の立場で考えるべきなのです。アメリカの言いなりがいいわけじゃありません。

アメリカの言いなりにしたからといって、中国やロシアと仲良くなれるわけがないのです。逆に仲良くならなくてもいいから、大きなトラブルにならないように、日本の国民のために上手に外交をやって欲しいですね。

藤井　ホントにそうです。暴力団の事務所の隣に住んでる人が、暴力団がどれだけ悪い事をしていたとしても、そこに石を投げちゃだめですよね。そんな事したら、その暴力団にどんな報復をされるかわかりません。だから別に反社勢力と手を握る必要はありませんが、「こちらから石を投げるな。けっしていいことはない」ということを言っているだけの話なんですよね。

泉　アメリカに媚を売っても、今のアメリカにとって日本の地位はそこまで大きくないから、得るものが少ない状況です。だから「今、カードを切らんでもいいがな」みたいな感じがしますね。

藤井　とすると、なぜ安倍さんは岸田さんを外務大臣にしたんでしょうね…。

泉　昔は私も若かったということもあって、当時の政治家たる者はもうちょっとしっかりしていたように思いましたよ。

藤井　僕も子どものころ、政治家っていうのはホントに立派なものだと心底おもってましたし、実際に今よりももっと立派だったんでしょうね。

泉　本当に立派だったかどうかはわかりません。けれども、自分が年を取って同世代になってくると、今の政治家を見たら「大丈夫かいな」という気持ちになるのです。

藤井　今の政治家は、申し訳ないですが、中学のクラスでいうとむしろ「あかんほうの奴」がなってるみたいなところがあって、むしろ「ええほうの奴」は政治家なんかになりたがらない、というようなところがありますものね…。でも、そんな人が国のリーダーになって他の国々に勝てるはずなんて、万に1つも億に1つもないですよね。岸田さんは習近平やらプーチンやら金正恩やらと、どうやって喧嘩できるっていうんでしょうか。

泉　しかも権力は正しいことをやるために行使しなければなりません。その場合、全体の総合的な状況を判断する力と、今後の動きを読む必要があるので先を見る力が大事になってきます。岸田さんにも国のトップとしてそういう力が問われているはずなのです。

藤井　そうですね。政治というのは、権力拡大は目的でも何でもなく、それは単なる手段に過ぎません。政治というものは古今東西、はるか古代の頃から「善の実現」が「目的」なんですから。その目的達成のためにはどうしても、幸か不幸か「手段」としての権力が必要になるという構図にあるわけで、この構図を理解せずに漫然と政治を続けておられるようでは、政治家、とりわけ国家のリーダーとしての資格は一切ない、ということになりますよね。岸田さんに問われているのはまさにその点なんでしょうね。

第5章

岸田政権の政策に物申す

政治における監督・シナリオライター・主演

泉　藤井先生、この前、『君たちはまだ長いトンネルの中』という映画の監修をされていましたよね。じつは、映画の主演に向いているんではないですか？

藤井　いやいや、主演向きではないですよ（笑）。この映画を監修したのは、ビジネス社から出した、当方が監修した『マンガでわかる　こんなに危ない!?消費増税』という漫画本が原作になっているからです。おかげさまで、映画も原作の本もそれなりにヒットして、社会に幾分のインパクトをもたらすことができたんじゃないかと、僭越ながら思ってはいるんですが、今後も、ささやかなものではありますが、こういう仕事ができればと思っています。だからやっぱり、「映画」や「漫画」などの仕事について言うなら、僕はやっぱり主演よりシナリオライターの仕事が向いてるんだと思います（笑）。

泉　国土強靭化政策では監督のように国家をリードされましたよね。

藤井　あくまでも理論的に提唱した、というお話ですから。アベノミクス反対や増税反対についても様々に発言していますが、そういうのはやはり全て、「アカデミズム」の人間として、学術ベースで提言する、というのが全て基本であって、直接プレイヤーをやるっていうのは僕は適材じゃないといつも思いますよ。

泉　しかし国土強靭化政策の流れのなかで、国土強靭化担当大臣に就任して仕事をするという手もあったでしょう。

藤井　そういうオファーはもちろんないですよ（笑）。

泉　でも実績はすごいですね。まさに藤井先生が音頭を取って日本のあるべき姿への大きな道筋を示されました。批判だけをしているのではなく、そこまでやったのですから、世間からの信頼度が高い。その点では実際上、政策運営をする側の監督、シナリオライターを担ったほうが、今の政治に対して物申すということになるでしょう。

藤井　ただやはり今の岸田政権では、当方の主張は残念ながら顧みられることは全くありませんね。例えば経済政策について私は、消費税減税や積極的な財政政策を通して、「実質賃金」の持続的上昇をもたらさねばならない、っていうことを理論、学術的に確信していますし、そういうお話をいろんなチャンネルで岸田先生サイドにもお届けしてはいますが、残念ながらそういう方向で政策を展開される見込みは、少なくとも岸田政権においては今のところ皆無だ、っていう状況ですね。

泉　実質賃金の上昇という言い方でもいいし、可処分所得を増やすと言うか、要は国民がお金を使えるようにしよう、ということですね。給料が上がらないのに増税と社会保険料の支払いでだんだんと使えるお金が減っていって、おまけに物価が上がっている。これでどうしろと言うのでしょうか。

藤井　実質賃金が減った上に、電気代なりガソリン代なり食料品代なりが高騰している現状では、「可処分所得」も圧縮されてますから、「実質可処分所得」が激しく下落している状況ですね。決して持続的に上がっていく、なんていう状況から超絶にかけ離れた状況にあるのが今の日本経済の実情です。そういうのを岸田内閣は放置している。

泉　可処分所得も減るし物価も上がっていって、しかも円安で庶民は海外旅行にも簡単には行かれません。

藤井　もうめちゃくちゃですよね。この問題こそ、今の政治家が取り組まなければならない、最大の政治課題だと思います。なのにその問題を放置している、というかむしろそれどころか、状況悪化を「加速」しているわけです。ホントに酷い状況です。

泉　国民が不幸な方向に徐々に進んでいます。ジリジリと貧しくなって国民の選択肢も狭まってきました。昔は海外にもっと気軽に行けたし、少なくとも子どもたちだって将来の夢を持ち、「ああしよう、こうしようか」という想いを抱いて生きていました。今はどうしようもありません。

結婚に至っては、するしないの選択肢の前にお金が気になってしまっています。出会えと言われたところで、出会ったときに使うお金だって困っている状況です。今の政治家の責任はかなり重いと思いますね。

藤井　私は必ずしも安倍さんがきちんとしたやるべき政策を十分にやり切った、という風には思ってはいませんが、実質賃金を何とか上げようという問題意識はあったのであって、かつ、そのためにアベノミクス、と呼ばれる政策パッケージをぶち上げ、できるだけのことはやろうと実践されたのだとは思います。

ただ、残念なのは、「ノイジーマイノリティ」である財務省に配慮しすぎたんだと思います。それで消費税を2度も上げてしまうことを通して実質賃金も内需も下げて、一方で国民負担率は上げてしまいました。すごく罪深いこともやってしまった。本当に残念です。

泉　しかし安倍さんには心がありました。国民に対する愛と言うか、政治家としての矜持と言うか、そういう意味では政治家たる者、国民に見えない部分があって、「民のカマドは大丈夫か」的な、国民のことを考えている方ではあったと思うのです。

その気持ちはあっても結果において、今言われたように消費税を2度にわたって上げた。いわゆる周りにいるステークホルダーへの対処を気にしていました。だから、国民のことを考えている気持ちと結果とが大きく離れてしまったのですね。

藤井　岸田さんが首相になってからの政策は、国民負担率をどんどん上げていく、というものです。しかも、口ではやるやる、と言っている少子化対策も、その対策の中身は全く十分ではない、というかむしろカネだけはかかるものの、少子化対策についての有効性は著しく乏しいものばかり。しかも、その財源を国民に負担させることを画策しています。とすると、日本の賃金、実質的な可処分所得もさらに下落していくことは必至の状況です。ですからこの状況を変えないことには日本の未来が「地獄」に落ちるだろう、というふうにしか見えないのです。

で、そんな中、今の国民の多くは、100均ショップに行ったり、インスタントラーメンを家で食べたり、安い焼酎を飲んだりして、どうにかこうにか生きている状況にある。でも、これからどんどん状況が悪化していくわけですから、多くの日本国民はまるで「茹でガエル」のように、知らず知らずのうちにダメになってしまって、息絶えていく、っていう事になっていく他ない。

具体的な数字で申し上げるなら、僕はそういう最悪の状況がもう、十数年でくらいで来ると感じています。で、様々なデータ分析を通して2040年あたりになったら本当に発展途上国並みの不幸な国家状況に落ちているんじゃないかと真剣に危惧しているんです。だからこそ、それを何とか止めないといけないと思っているわけです。

ところが、岸田さんにはそういう問題意識があるとは全く思えない。そういう危機感は完璧に皆無なんだと思います。そして、残念ながら、そういう脳天気な危機感の欠如は、多くの日本国民の中にも見いだせますし、残念ながら他の政治家たちや知識人・言論人の中にも厳然と存在している。ホンットにこの現状を何とかしたい。焦ってばかりいてもしょうがないんですが、どうしてもそういう焦燥感を感じてしまう、っていうのが、当方の現状です…。

泉　藤井先生にはアンデルセンの有名な童話の『裸の王様』に出てくる少年のイメージが強いですね。「王様は裸だ」と本当のことを言っています。

しかし王様としての日本の中核勢力は、財務省を中心とした官僚組織や、そこに対して政治決断できない政治家の人たち。さらには取り巻きの学者たちも、みんなスケールが小さくなってしまいました。

学者もっとはっきりと自分のスタンスで物を言うべきです。それはもちろん「イエス」の場合も「ノー」の場合もあります。

自分がしっかりしているから、あるいは自分があるからといって、必ずしもすべてに「イエス」、すべてに「ノー」ということではありません。だから、自分の考えがたまに時の政権と一致していれば、応援するのは全然OKなのです。

けれども今の学者は、自分の考えを示す前に、どう言ったら得か損かとか、審議会の委員になれるかとか、どうやったらそれを続けられるのかとか、セコいことばかり考えているようです。明確なポリシーがあまりない方が増えてしまった。

藤井　寂しいですね…。おっしゃるような、権力に阿（おもね）って、学者のくせに言う内容をコロコロ変えたり、調整したりするような振る舞いは、かりそめにも「学者」と呼ばれた人間が絶対に、いちばんにやってはいけないことです。学者の顔をして政治家や官僚の顔色をうかがいながら言うことを決めていくなんて、外道そのものです…。

泉　それは御用学者ですらありません。本当にセコくなってしまっている感じですね。

財務省を抑え込むと安倍晋三元首相は決めていた

藤井　ちなみに僕個人が今まで組み立ててきた、政治、という現場における監督業あるいはシナリオライター業において、いちばん重要な人物は安倍さんでした。安倍さんさえいれば、例えば高市早苗さんという重要な政治家がさらに輝く状態を俄に創出することもできたでしょうし、岸田さんという政治家にも大きな影響を与えつつ、安倍さんが意図する政策を前身させていくこともできたでしょう。菅義偉さんに対しても同様です。

僕は安倍さんという重要な政治家のオフィシャルな「参与」、つまり「アドバイザー」として、安倍さんにいろいろと提言申し上げる仕事をして参りました。そして参与を辞した後も同様のやりとりを安倍さんと個人的に続けていました。そうしたことを通して安倍さんに様々に政治的に差配していただいて、日本を何とかしてもらいたい、と考えていました。

ところが、その「一枚看板の大俳優」としての安倍さんが死んでしまった…その結果僕はもう、日本を再生し、救い出すという、それまで組み立てていたミッションが遂行される道筋が、全く瓦解してしまったわけです。いわば僕は今まで特定の俳優さんだけに投資してきた弱小プロダクションのような存在ですから、こういう状況になってしまった時、一体この現状をどう立て直して良いか一瞬わからなくなってしまった、という次第です。しかも僕と個人的なつながりがあるかどうかを仮にすべてさしおいたとしても、この日本全体を見渡して、安倍さんに代わる「俳優」がおられるかというと、全くそれも見いだすことができない…。安倍暗殺、というたった1つのイベントを通して、日本は随分と「しんどい」状況に立ち至ってしまった、っていう風に、心底感じています。

泉　やはり安倍さんには国民的人気も含めて、一種のオーラとか愛がありました。それは人としてのトータルのものだと思うのです。岸田さんは中身があるのかないのかわからないような方なので、本当に大丈夫かなという感じになっていますね。

藤井　岸田内閣の誕生の前提としては、まず河野太郎さんを自民党総裁にするのは絶対に嫌だという安倍グループを中心とした自民党内の人々がいたわけです。でそういう安倍グループにおいては、河野さんが総理になるくらいなら、全然岸田さんの方がいい、という判断が全員の間で共有されていたわけです。で、言うまでもなく、岸田さんは自分が総理になりたいわけだから、河野さんもなんとか潰したい、と思っていた。

だから、岸田グループと安倍グループはとにかく河野太郎さんを総理大臣にはさせないでおこう、ということが共有認識されていたわけです。だから両グループにしてみれば我々のうち、勝った方を負け方が最終の決選投票で応援し、それを通して、いずれか一方が総理総裁になってもらおうじゃないか、ということが水面下の、とはいえ、誰もが認識する合意条項となっていたわけです。その結果、岸田さんが第一次投票でトップになった結果、必然的に高市さんを応援していた方たちは皆、基本的に河野さんではなくて岸田さんの応援に回り、それを通して誕生したのが岸田内閣だったわけです。だから要するに岸田内閣は「岸田・高市内閣」だったわけです。で、その高市さんを全面的にバックアップしていたのが安倍さんだったってことを踏まえるならそれは、事実上、は「岸田・安倍内閣」として船出したわけです。

ところが、安倍さんが亡くなったことによって、誰もが共有していた「岸田内閣は事実上岸田・安倍内閣である」という共通認識が壊れてしまったわけです。その結果、岸田内閣はそもそも、安倍さんとの一定の緊張関係を前提としてつくられたものだったにも関わらず、安倍さんが亡くなってしまったことで本来あるべき岸田内閣とは全く異なる内閣になってしまったわけです。そしてその煽りを受けて、日本がとてつもない危機に直面するに至ったのです。ただし、そうなってしまったのは、岸田さんのみならず、自民党がこれまであまりにも安倍さんに頼りすぎていたから、というのが、現在の岸田内閣の危機の根本的な原因なんだと思います。

泉　安倍さんはいちど総理を辞めた後に再び総理に返り咲き、アベノミクスや国土強靭化というキーワードを出しました。賛否はあるにしても、強いメッセージ性のある政治家だったのは間違いありません。

藤井　そうですね…そんな安倍さんが関わった最後の総裁選は、高市さんが出た2021年9月の総裁選でした。その時、安倍さんは実は僕との個人的な会話の中で、決定的に重大な発言、というか決意を表明されておられたんです。

僕は次期総理には安倍さんが相応しいと認識し、それを何度も安倍さんに申し上げていましたが、もしもこれまでの経緯上、安倍さんがそれをお引き受けにならないのなら、高市さんこそが次期総理になるべきだと考えていました。ついては僕は安倍さんのところに何度も訪れていろいろな世論情報を持参しながらそうしたお願いを繰り返したのですが、安倍さんはどうしても首を縦に振らなかった。安倍さんが総理就任を依頼された菅さんが総裁選に出馬するのなら、菅さんを支援するのが筋だとお考えだったからです。

ところが、菅さんは総裁選の出馬を見送ると発表するに至ります。このとき安倍さんは、その一報が報じられるや否や、高市さんを総裁候補として支援すると公言されたんです！高市さんをご推薦くださいと何度もご依頼申し上げていた当方としてはこの一報を耳にしたとき、大いに感激しました。そしてスグに安倍さんに、高市さんをご推薦いただく決意をされ、それを表明されたことに対してお礼を申し上げる電話を差し上げました。

するとその電話で、安倍さんは次のようなことを仰ったのです。

「藤井くん、今まで藤井くんが言うような政策（積極財政）は、こないだの政権でもなかなかできなかったけど、『3回目』はね、絶対に財務省にガーンとやってね、藤井くんが言うような財政政策をどんとやって、デフレを脱却して、ホントに日本を復活させるからね」

今でも、その時の情景をハッキリと思い起こすことができます。その言葉は、高市さんを全力で推挙するだけでなく、その「次」にご自身が3度目の総理として返り咲くことについても「決意」をされていることを示すものでもあったわけです。

財務省をガーンとやるというのは僕も安倍さんから初めて聞いた言葉でした。おそらく、政治家人生でそう何度もあるわけではない重大な政治決断をなさった直後で、その高揚と興奮でアドレナリンが出まくっておられるまさにその瞬間の電話だったので、総理経験者として滅多にお口にされない心の底に秘めていた本音のお言葉を口にされたんだと感じました。

泉　非常に決意の溢れた言葉ですね。

藤井　そのとき、僕ももう全力で高市さんを推すし、次の安倍内閣ができたときには「安倍さんと一蓮托生で本当に財務省を抑えたる、それで日本をV字回復させてやるんや」と強く決意したのを、もの凄くよく、覚えています…。

その結果、総裁選では、最初の頃は泡沫候補扱いすらされていた高市さんが勝利にもうちょっとのところまで行くことができました。もちろん、下馬評通り、そこで勝つことはできず、負けてはしまったものの、岸田内閣に対して影響力を行使することができたわけです。そうした流れがあったからこそ、2022年6月の骨太の方針にも安倍さんは自分の考えをかなり押し込むことができたのです。で、それがあったからこそ、PB（プライマリーバランス）は堅持するけど、それによって「重要な政策の選択肢が狭められてはならない」という文言が入ったのです。この一文は、画期的なものでした。なんといっても、PBがどうであろうが、大事な政策はPBを度外視してやるべきなんだからやるべきだ、っていう文言だからです。

ところが、安倍さんは凶弾にたおれてしまった。その結果、安倍さんを失って、財務省に対してあれだけ押し込める政治家はもはや日本にまったくいない状況になっています。安倍さんが生きていたら、今ごろは財務省の政府に対する支配力をかなり弱体化できていたはずです。

もうちょっと、でした…。

アメリカンフットボールで言うと、後2回か3回ぐらいオフェンスをやればタッチダウンできたというイメージがあったのです。

だけど、安倍さんは殺されてしまいました。

本当に落ち目の国というのはそういうふうにダメになっていくのかなと、思いましたですね…。

潰される恐れもある自民党の有為の政治家たち

泉　安倍さんがいなくなって、高市さんの今後はどうなんですか。

藤井　今年4月の奈良県知事選では、高市さんが推した候補が敗れました。これは自民党の総裁含めた幹部連中が保守分裂選挙にしてしまったからだって、言われています。もっと端的に言うと、岸田さんが高市さんを潰しにかかった結果だと、一般には言われています。

それで日本維新の会の候補が当選しました。今後は、平城京跡を走っている近鉄奈良線の線路を移設するプランも取りやめになるでしょうし、リニア中央新幹線の奈良への駅誘致についてもこれまでと全く異なるスタンスになるだろうと思われますし、その他の多くのインフラ投資が止まるでしょう。その結果、奈良はこれから衰退していくことになるでしょう。僕は奈良出身ですから、これは本当に残念です。

泉　なぜ高市さんは足を引っ張られたのですか。

藤井　岸田さんは自民党の総裁候補として、高市さんという芽をできるだけ早く摘んでおきたいと思った、そしてそれぞれ派閥の領袖である茂木敏充幹事長と森山裕選対委員長も同様のスタンスに立っていたとも言われています。つまりこの3者の利害が一致して、奈良県知事選では高市さんが推している候補とは別の候補を半ば無理やり立てて保守分裂選挙にし、日本維新の会に奈良県知事の座を与えることによって高市さんを潰した、ということが政治記者たちの共通認識です。

要するに彼らは、自民党の結党以来ずっと独占してきた奈良県知事の座を守ることよりも、高市さんを潰すことを優先したのであって、さらに言うなら彼らは自分たちの地位を守るために、自民党が損害を被っても、奈良県民が被害を被っても構わないと考えていた、というのが一般的に共有されている常識的認識なんです。

泉　とすると自分たちの地位を守ることができさえすれば、自民党はどうでもいいということになりますね。

藤井　おっしゃるとおりだと思いますね…。当方はホントにもう、絶望的な気持ちになりました。安倍さんが生きていたら絶対にそんなことにはならなかったであろうにと思うと、本当に口惜しく思います。

安倍さんは先ほどの森田実先生の基準で言うと、それほど大きな政治家ではないと言わなければならないのかもしれません。けれども現代においては、相対的には間違いなく極めて重要な存在で、安倍さん以上に「大きな」存在は現実的に存在しないと言ってもけして大げさではない政治家であったと思います。その安倍さんが殺されてしまった、というのは、政治的な言論を展開する者として、つまり、リアルポリティクス（現実政治）という物語におけるシナリオ・ライティングを志す者として、全くもって絶望的な気分になったわけです。

もちろん当方は、安倍さんがおられずとも、その安倍さんが支援しておられた高市早苗さんに大いに期待していますし、積極財政を推進している城内実さん、安倍派で、そして、政調会長として様々に差配しておられる萩生田光一さん、きっぷのいい自民党の武田良太さんなどにも期待しています。だから、そういう政治家の皆さんに、もう1度、自民党、そして国会の議論、政府の政策を正しく活性化していただきたいと思っています。

しかしそうした自民党や国会、政府における取り組み、そうした有能な自民党の政治家たちが、今回奈良県知事選を通して高市さんに大打撃を与えたように、岸田さんや茂木さんたちから潰されてしまうんじゃないか、と心底危惧しているところです。

だから、リアルポリティクスを、映画の「監督」「シナリオライター」のような立場から活性化し、日本を短期的に再生し活性化することがどんどん難しくなってきている、というよりむしろ無理になってしまっているかもしれない…という気持ちになりつつあるんです。

だから短期的な政治的活性化ばかりにエネルギーを注入するよりも、もう少し中長期的な視点でものごとを捉え、小学生や中高生に対する教育に対しても、自分のエネルギーを割くような段階に入ったのかなという気がしています。

泉　いや、とすればいよいよ監督業から主演になりますかね。私は藤井先生の動画での演説に感動します。普通は人の演説を聞いてなかなかジーンとはしません。しかし藤井先生にはエネルギーと言うか国民に強く訴えるものがあります。

藤井　僕は学者としてできることすらまだまだ不十分にしかできていませんから、学者としてやるべきものがまだまだ大量に残されている限り、その仕事に真剣に取り組みたいと思っています。ですが、そんな学者の仕事として一体何が一番大切かといえば、政治が志すべき「真善美」とは何かを指し示すという仕事です。つまり、政治というものは学者の学問があって初めて、ホントの仕事ができるようになる、ということなのだと確信しています。そしてだからこそ、広い意味での政治の最も大切な部分の仕事をしているのは実は政治家ではなく学者なのだということができるのだと考えています。

なぜそこまでいえるのかというと、そもそも政治とは「まつりごと」であり、その語源は文字通りの「祭り」事であって、「祭り」事は結局は全て「神様をおまつりする神事」であり、さらに言うと、「神事」の本質とは真・善・美の実現にほかなりません。言い換えるなら、「政治」とは、「本当（真）のことを踏まえ、「美」しく正しいこと（「善」いこと）」を実現していく営みだというわけです。そして、学問とは「真善美」を見いだし、そして実践しようとする試みであり、それこそが学者と呼ばれる人々がなすべき仕事なわけです。

こうした政治の構図は、例えばソクラテスやプラトンが2500年前から言っていることで、それは一般に『哲人統治説』と呼ばれています。そしてそれと同じ構図は日本でも「仁徳天皇の民のカマド」の物語の中にも見いだすことができます。

つまり日本人だろうがヨーロッパ人だろうが、昔から同じように思っているわけです。つまり、政治というものは、真善美を学問的に考え、実学的にそれを実践せんとする取り組みなのだ、ということは古今東西の常識なわけです。ところが、そういう政治の基本的構図、政治における学問の不可欠性という政治の基本中の基本を、今の自民党の上層部は完全に忘却してしまっているのではないかと心底危惧しています。

泉　藤井先生が自民党の政治家にカツを入れないといけませんね。

地域特性を活かしながら他の真似をしてもいい

泉　私は明石だけがよければいいと思っていたわけではありません。ただ明石市長である以上は、明石のためにベストを尽くすのは当たり前です。私が明石市長である限り、明石の市民と街にとってのベストチョイスをするのであって、他の街もベストチョイスをしてお互いに試行錯誤をしながら参考にし合えばいいのです。

藤井　それは、各々の地方自治体や中央政府が勝手にそれぞれの利益の最大化を考え、ばらばらに好き勝手に振る舞い続けるのではなく、お互い切磋琢磨し、それぞれの成果を学び合い、そしてその上で、皆が協力していけば、自ずと日本全体もよくなっていく、とも言い換えられますよね。

さらに地方自治体が自分の地域のことを考えて計画を立てるだけでなく、例えば国交省の近畿地方整備局などが近畿全体のことを考えて計画を立て、政府は国家のことを考えて計画を立てる、ただし、それぞれの計画を考えるにあたっては他のレイヤーの計画を全て見据え、皆が全体を常に考えながら各々の計画をたてていく、というのが本来あるべき姿でしょうね。

泉　そうですね。ただし私はベーシックな政策の多くは本来、国がやったほうがいいと考えています。国民への安心の提供や経済的な大きなことは国家でやらなければいけません。そういうことが自治体単位では効果も薄いしバラバラ感もあります。

一方、地方自治体は国よりも素早く動けます。その結果として、地方自治体でいち早く手掛けて成功している事業は、ぜひ国にも一種のパイロットプランとして取り上げてもらいたいのです。

藤井　その点、成功した事業が特に多い自治体の1つが明石市だ、ということになりますよね。一方で、他の地方自治体や政府は、やる気がないからなのか、愛がないからなのか、知性がないからなのか、必ずしもきちんとした成果を上げられていないところが多い…。その結果相対的に、明石市の取り組みが目立ったとも言えるんでしょうね。

泉　私が明石市長として日本でも初めて行って成功した政策は、3年ほど前から全国に一気に広がっているわけです。顕著なのが兵庫県下の地方自治体で、どこもバタバタと明石が展開した政策のほうへと方針転換しています。

数年前までは「あんな政策は変わり者の市長だからできたことや」とか「あれは明石市

だけがやれることやわ」と言われていました。けれども今や明石市と同じことが兵庫県の多くの、変わり者ではない首長の地方自治体でも普通にできています。

そういう意味では、発想の転換とか、やる気を起こすといった基本的なことが大切なんです。新しい政策だからと言って、びっくりするほどお金がかかるわけでもありません。優先度を決めて順にやっていけば、できることがほとんどなのです。

藤井　それが日本の政治ではできていなかった。

泉　やはりいちばんのネックは思い込みです。これまで通りやらなければいけない、国の指示がないのに先にやってはいけないなど、先にも言ったように「お上意識」「横並び意識」「前例主義」が邪魔をしているのです。

地方自治体ごとに特色もあるし、他の地方自治体で成功したことも多数あります。つまり、地域特性を活かしながら、自分の街と合うものがあれば真似すればいいのです。そこに必要なのは本当に発想の転換だけだと思います。

政治が頑張らないと日本は衰退していくだけだ

藤井　泉さんの話を聞いて改めて思うことがあります。それは、大局的な長期的スパンで考えると、明石市には30万人が住んでいるから、泉さんの活性化の取り組みというものが成功したのではないか、という点です。

何で明石の人口が30万人までになったかというと、近くに大阪、神戸という大きな都市があり、JR山陽本線と山陽新幹線、私鉄の山陽電鉄が通り、商・工業地帯が大阪や神戸からどんどん延びてきたという地理的状況があったからだ、ということがいえると思います。

そして、その地理的状況は、山陽本線や神戸港などへの、国家的なインフラ投資の帰結として生まれたわけです。同じ県内でも日本海側の兵庫県香美町など人口の少ないところは、明石市と全然違う地理的状況に置かれています。

とすれば、やはり明石市はこれまでの充実したインフラ投資を基盤にして成り立っており、そのなかで泉さんは、市長としてできることを最大限にやってこられたんだ、という風に整理することができるんじゃないかと思います。

泉　交通インフラという点では、明石は恵まれてきました。

藤井　だから例えば日本海のいろいろな土地だって交通インフラをもっと整備すれば、明石市のような取り組みがやりやすくなるはずなんです。

明石市についても、我々が進めようとしている国土強靭化政策をはじめ、さらに大規模なインフラ投資が行われれば、もっと経済が発展していって50万都市、さらには100万都市になるかもしれません。そうすれば、明石市もまた全然違うステージの取り組みができるようになると思います。

泉　同じことが、日本全国の各エリアについても当てはまりますね。

藤井　まさにそうです。ところが目下、全国的にインフラ投資がまったく進んでいないために、日本全体が急速に朽ち果てていこうとしています。

経済的側面では、デフレが30年近くも続き、賃金が全然上がらない。日本はアジアのなかでもトップの経済大国だったのに、今やもうどんどん落ちぶれた国家になってきています。

しかも日本は1人当たりの所得が韓国よりも低くなってしまって、中国人には多くの資産を買い叩かれるようになってきています。このまま行くと20年後、30年後の日本は、「アジアの経済小国」になってしまうことは必至です。

また、地政学的に考えると台湾有事もあり得るし、デフレがさらに進行していってアメリカから見捨てられる可能性も否定できません。今の日本が歩む道は、このまま無為無策を貫き通せば、完全に地獄へと繋がっているのです。

泉　私は地方自治体の市長にすぎなかったので、そこでやれたことを発信するところまでしかできない状況でした。国であれば、内政外交ともにはるかに選択肢が広い。貨幣も刷って国債だって出せます。インフラ投資もいくらでもできるでしょう。

日本が衰退しているのなら、なおさら政治の出番が強まっているわけで、広い選択肢を活用して衰退を止め、逆に発展させていくべきです。政治家がやる気になれば必ずできるはずです。

藤井　ホントに仰るとおりですね。これからが政治の出番なら、政治家は日本の課題の解決に全力で取り組んでいかなければなりませんよね。

中央の政治家や官僚には国民の声が届かない

藤井　こういう議論をしているとやはり、あらゆる理由から、「積極財政」を採用することが必要だ、ということが明らかに見えてきます。デフレ脱却のためにも、貧困格差対策のためにも、産業高度化のためにも、DX（デジタルトランスフォーメーション）のためにも、科学技術高度化のためにも、国力増進のためにも、国防のためにも、防災対策のためにも、少子化対策のためにも――あらゆる国家的に重大な意義を持つ政策を進めるために今、積極財政が是が非でも求められているんです。

泉　国民は今、給料が上がっていないのに税金が増える、社会保険料が増える、物価が上がるという大変な状況ですよ。皆困っていて、お金使いたくても使うことができません。

藤井　本当にそうです。だから僕は、緊縮財政の人には国民に対する愛が根本的にないと思うんですよ。

泉　緊縮財政にするとお金が少なくなります。緊縮財政志向の人はそのほうが自分たちの権限が多くなると考えているのです。結局のところ、そういう人の本音はわかりません。

すね。

国民を助けたいのか、国民が少し苦しいほうがいいのか、どちらなんだという感じがしま

藤井　先ほど泉さんは、明石市長になった12年前は市役所の職員は行政の窓口のあっち側でぺらぺらしゃべっていて市民のほうを向かなかったのに、12年の間に市民が来たら飛んで行って対応するようになったとおっしゃいましたよね。ホント、素晴らしいお話だと思います。で、そのお話を踏まえると、今の政府は「12年前の明石市役所」と同じ状況にあるわけであって、国民ではなく自分だけしか向いていない状況なんだと思います。つまり今、国民が政府から見捨てられている状況にある。その象徴が緊縮財政で、国債を発行しない、増税する、社会保険料率を上げる、という方針に邁進している状況にあります。

泉　国民が苦しいのに、増税したり社会保険料を引き上げたりするというのはもう本当にびっくりです。

藤井　ホントにそうですよね…。泉さんはコロナ禍のときに商店街に行って親父さんの話を聞き、その1事例から全体の大局を読もうとされたわけじゃないですか。それって極めて理性的、合理的で当たり前の話であって、例えば琵琶湖の水質を調べるときに琵琶湖の水を全部調べるバカはいませんよね。ある場所でポンと必要な量の水を取って調べたら、

琵琶湖の水質はだいたいわかる。統計学的なサンプリング、というものですね。

泉　やるべき政策というのは霞が関のどこかの倉庫にあるんじゃなくて、街にあるんです。

藤井　ホントにそうですね。

泉　まさに現場のリアリティのある生活実感の声が答えなのです。それを重視しないなら、答えが見つかるはずはありません。

藤井　政治をやっている目的がたぶん今の明石市と、今の霞が関や永田町とでは実質的に、全然違うのでしょうね……。

泉　そこで前向きな話に変えると、だからこそ今、地方自治体でどんどん方針転換が始まっているのだと思います。すでに言ったように、兵庫県ではもうどの自治体も軒並み方針転換して明石の真似を始めました。

さらにそれが飛び火していて、東京の地方自治体でも最近の選挙で新しい人が当選するなど、続々と方針転換が始まっているんです。ダイレクトに国民の声を吸い上げるような政治家は国民のほうを向いて政治をやろうとしているのです。それでも中央政界の政治家や官僚にはまだ国民の声は届いていません。

藤井　霞が関でも、特定の省庁はずっと霞が関にいますが、別の省庁は全国にいろいろな事務所がある。やはり全国に事務所があって、全国でいろいろな仕事をやっている省庁の人たちは地に足のついた議論ができて、現場の話を吸い上げて、国のことを考える傾向が高いです。ところが、霞が関だけを見ていてて、国民と関係ないところで生きているような省庁の人たちは、全く「異次元」で考えてしまって、国民に対する愛の全くない行政が繰り返されることになるわけです。

泉　そんな省庁の人たちは、現場からの距離が遠すぎるのです。たぶんスーパーに自分で買い物にいくこともほとんどないんでしょうね。

緊縮財政だけを目指す財務省は宗教であり裸だ

藤井　増税や社会保険料引き上げの意見がどんどん出てくるのは、やはり財務省のプロパガンダと言うか、世論対策と言うか、そういう取り組みが大きいのだろうと思いますね……。

泉　財務省はやはり「裸の王様」なんです。財務省が国をコントロールしているとマスコミも学者も勘違いしていますよ。本当は財務省はそこまでしっかりしていないし、財務省に従ったからといって、皆がハッピーになるわけでもありません。

藤井　そうですよ。

泉　財務省は「裸の王様」なので、現実をコントロールできていないのです。

藤井　僕にも財務省の友人がいるから、その友人以外の話だ、ということにしておきたいと思いますが（笑）、財務省の人たちに対しては、本当に知恵がないなといつも思います。

泉　知恵はともかく、愛がありませんね。

藤井　そうですね、ただし、愛がなくても、「善意」はあることはあるんです。けれどもその善意が違う方向に向いています。

泉　いや、悪意がないからよけいに、「裸の王様」だということがわからないのかもしれません。

藤井　そうなんです。で、そういう善意がある、っていうところがさらに質が悪い。悪意があるんだったら攻撃したらいいし、他の人間も「悪意があるやないか」と叩いてくれます。しかしそうではないからよけいに、財務省の政策改善は、本当に難しい、という状況にあります。

有り体に言って、彼らは、「緊縮財政が絶対善なのダ！緊縮財政すべきなのダ〜！」と頑なに信じているわけです。で、そんな頑なさの背後には、そういわなかったら、彼らは彼らにとって大切な何かを失うかも、というある種の恐怖心があるように思います。

泉　言葉は悪いですけど、それは一種の宗教のような感じがします。「財務省教」ですね。緊縮財政志向は、財務省に長年脈々と伝えられてきた昔からの教義みたいなものではないでしょうか。

藤井　僕もホントにそう感じます。彼らの「宗教」に反しない限りにおいて、彼らとの議論は理性的な範囲で収まり、素晴らしい議論が展開できます。ところが、その宗教から外れる教義の議論をやろうとした瞬間に、何を言っているのか、訳がわからないような出鱈目ばかりを口にし始めるのです。それは傍から見れば、「この人たちホンットに、トンチンカンだ…」っていうのがよくわかると思います。

泉　しかし取り巻きの学者やマスコミも意外に、「国にはお金がないから国民負担増やむなし」とか軽々に言っています。特にマスコミに対しては「誰の立場を考えて、報道しとんねん」と強く抗議したいですね。

藤井　商売をやっている方は値上げをするときはものすごく頭を下げますよね。最近の飲食店なら、「昨今材料費がとても高くなってきました。ついては申し訳ありませんが、20円、上げさせて頂きたいと思っています。恐縮ですが、ご理解の程、お願い致します」っていう風に言うのが一般的な態度です。ところが財務省は絶対そういう態度を見せない。彼らはとにかく、「国を破綻させたいのか？　そうじゃないだろ!?日本のために、もっと税金を払え。当たり前だよな？」という完全に上から目線の態度で国民を管理しようとしているように見えます。

泉　かつての日本では国民負担率は低かったですね。今や47・5％にまで上がってしまいました。それでも他の主要国並みだという人もいます。しかし他の主要国並みに国民が税金や社会保険料を負担しているとしても、そうした主要国の国民と比べたら、日本の国民のほうがはるかに苦しいのです。

では、なぜ国民が苦しいのかと言うと、やはり財務省が間違ってきたからでしょう。私は、財務省には国民に負担を強いる前にまず「30年間、申し訳ありませんでした」と謝って欲しい。その後で「もう心を改めます」と言うべきです。

財務省が謝りもせずに増税議論を持ち出すなら、「何を開き直っとんねん」と糾弾せざるを得ませんね。

藤井　国民が貧困化したら、普通は国民が豊かになるまで国民負担率を下げる。実際コロナの時、そして今の世界的インフレの状況下では、実に多くの国が消費税＝付加価値税を引き下げている。もちろん、人々が豊かになったら徐々に上げていってもいいとは思いますが。

泉　その通り、時代状況で変えればいいわけです。今は国民が苦しんでいる時期なのに、さらに負担を強いるなんて本当におかしい。

藤井　財務省がつくった所得税という制度も、国民の所得が１００万円しかなかったら5％しか取らない。けれども１０００万円稼いだら30％、40％取るというふうになっている。いわゆる累進制、という奴ですね。この累進制の精神に基づくなら、国民全体が貧乏になったら、税率は下げなければならないのです。一方で、人々が豊かになったら税金を上げても構わない。なぜなら、皆が豊かなら、税率を上げても生きていけるからです。ところが財務省の官僚は、国民が貧乏になって税収が減ったら嫌だから税率上げる、という完全に「倒錯」した感覚を持っています。その態度は、もう、単なる「虐待親父」そのものですね…。

泉　本当ですよ。びっくりします。そんなに国民を苦しめたいかと思うくらいです。

しかも、そんな財務省の尻馬に乗っている政治家も、増税に対する国民受けが悪いと思ったら、社会保険料を上げるほうに逃げ込むわけです。国民負担が増えるという点ではまったく変わりません。

今、大事なのはやはり国民に安心を提供することです。お金を使っても大丈夫、これからもやっていける、そう国民に思わせる安心を与えなければなりません。それが逆に不安を煽っている状況です。どこかで正しい方向へと戻さなければなりません。

逆行している岸田首相の「異次元の少子化対策」

藤井　政府の少子化対策はどうでしょうか。今年1月の年頭会見で岸田首相は「異次元の少子化対策」を打ち出しましたが…？

泉　これにはびっくりしました。異次元と言いながら、逆を向いている異次元ですね。高速道路を逆走するみたいなものですよ。

藤井　野球でバッターが打って3塁に走るのと同じですね（笑）。

泉　一応、異次元の少子化対策について主要なところを拾うと、児童手当の拡充として第3子以降は3歳から小学生まで、現在の月1万5000円から3万円へと手当を倍増させます。この児童手当の支給は2025年4月から始めるそうです。

この児童手当の拡充には1兆2000億円かかるため、政府はその財源を国民1人あたり月500円の社会保険料の負担増で賄うことを検討しています。これに対して、「財源には社会保険料だけでなく消費税を含めた増税も考えるべきだ」と提言しているのが経団連です。

藤井　本来、増税に反対すべき立場なのに、経団連もおかしいですよね？

泉　異次元の少子化対策には、財源も含めておかしな点が少なくとも3つあります。1つ目は「異次元というのにこの程度か」という点。とにかく内容が不十分です。2つ目は遅い。決断したらすぐに取りかからないといけません。スピード感がない。3つ目はまたもや国民負担を増やすということです。少子化対策どころか、負担をさらに課したら少子化は逆に加速します。

藤井　やればやるほど少子化が加速する、っていう恐るべき少子化対策ですね。

泉　この30年間、「日本だけが」というくらいに経済成長をせず、給料が上がらず、負担だけが増えてきました。普通の経済政策なら30年間やればパイが増えて、人々の給料が上がるんですよ。そうならないのは、30年間、失敗を続けているということになります。失敗を続けるのも難しいことです。よくそんなに間違ったことを続けられるなと思っていました。そのうえにさらに今回の異次元の少子化対策でびっくりしたわけです。月500円という社会保険料の負担増もウソに決まっています。とりあえず500円と言っておいて、後でさらに上げる気満々ですよ。

藤井　絶対にそうですね。

泉　介護保険料も最初は「負担はこれだけで安心」と言っていました。ところが、介護保険料は上がる一方です。必要になったときに必ず上げるため、今や負担がとても重いと市民の悲鳴が聞こえてきます。

藤井　しかも異次元の少子化対策では、後で税収で回収することを想定しながら、特定の国民にカネを配るだけ配る対策を決定しておいて、細かい財源論は後でやるということになっています。これでは、「とりあえず飯を食わせるだけ食わせておいて、代金は食った後で請求するって言うようなメチャクチャな食堂の親父と全く同じです。殆どやってることは詐欺と一緒ですよね（苦笑）。

泉　少子化対策の財源を「国民の負担増」で賄うのは大間違いだし、その必要もありません。マスコミも勘違いしていて、お金がないと思い込んでいます。そうではなくて、お金の使い道がおかしいだけなんです。お金は他のところから持ってくれば済みます。つまり、予算配分を諸外国並みにシフトすればいいだけのことなんです。これは政治が判断すれば簡単にできることで、諸外国で実現できて日本だけが実現できない理由はありません。国民はすでに十分に負担しています。

藤井　僕もまったくそう思いますね。どの国でもできていることを、日本だけができない理由が、僕にはホンットにまったくわからない。

泉　異次元の少子化対策では、岸田総理は「２０３０年代に入るまでがラストチャンスだ」と言っています。政治の世界では3年後でも空手形になりがちです。「２０３０年代に入るまで」というのは、何もやらないと言っているのと同じでしょう。やるんだったらすぐ決断すべきで、政治というのは決断しさえすれば実行できるわけですよ。「子ども政策に重点化すると日本経済が復活します」と言えば、今なら世論も付いてきますよ。そのためには他のところをどうするのか。国債を発行してつなぐ方法もあるんだし、国が知恵を絞れば本当はできる話なんです。

若者の所得が増えれば婚姻数も子どもも増える

藤井　泉さんが明石市長になってから展開した子ども政策は見事に成功しましたよね。それってやっぱりもちろん、ポッと思いついたものじゃないんだと思いますが…いかがでしょう?

泉　子ども政策についてはずっと以前から個人的にかなり研究してきたんです。

私は明石市長になりたかったのになれず、2003年に一度、国会議員になりました。国会議員になっても明石市長になる気持ちはまったく変わらなかったので、市長になったときにやることを勉強しておこうと思いました。ちょうどそのころも少子化が話題になっていたから、国会図書館を活用しながら、出生数が増えているフランスなど、海外の事例をたくさん調べたのです。

当時、フランスが重点を置いていたのは、第3子からの対策でした。しかし私が明石市長になった2012年に始めたのは、第2子政策です。日本では3人目ではなくて、2人目を産むかどうかを悩むようになっていました。さらに、私が市長を辞めたときには対策は2人目でも遅いという感じになってきました。つまり、1人目ですら躊躇するし、結婚にすら踏み込めないようになっています。

それについては、結婚のための出会いがないといったことを言う人がいます。けれども、やはり先立つお金や将来への不安がある状況では、結婚も出産も冒険になってしまうのです。今、子どもが多い世帯は大金持ちの医者か、あまり計画していなかった人たちなど、かなり限られてしまったように思います。子どもの将来をシビアに考える中間層は、将来を真面目に考えるがゆえに結婚や出産を躊躇してしまうのです。

藤井　生活をどう成り立たせるかを考えた場合、お金の問題は非常に重要ですね。

泉　お金の問題もやはり政治の責任だと思います。少子化対策でもいちばん大事なのは中間層がお金を使えるようにすることです。基本的には給料が上がっていくか、負担が減っていくか、あるいは両方の状況になれば、使えるお金は増えることになります。

とにかく、国民がお金が使えるようになり、結婚し子どもをつくってもやっていけるという安心感のメッセージを政治が出すことが非常に重要です。「大丈夫、政府が何とかするから国民は安心してください」というメッセージを発しなければいけません。

藤井　関連してデータを紹介すると、例えば合計特殊出生率の推移は、

１９５０年　３・65
１９６０年　２・00
１９７０年　２・13
１９８０年　１・75
１９９０年　１・54
２０００年　１・36
２０１０年　１・39
２０２０年　１・34
２０２２年　１・26

と、この約70年間で、下落し続け、１９５０年と比べて実に２・４ポイント以上も激しく下落してしまったのです。これは一人の女の人が産む子供の数が２ .３人も減ってしまった、っていう話です。

ところが、有配偶出生率、つまり夫婦が子どもをもうける確率というのは、ほとんど変わっていないのです。というかむしろ、有配偶出生率は１９８０年では78％でしたが、２０１５年は79％と、若干ではありますがむしろ増えているのです。

じゃぁなぜ、出生率が減っているのかといえば、「出産適齢期にある女性の婚姻率」が減っているからです。例えば35歳未満の婚姻率は、1980年では90％だったのに、2015年は65％と、7割程度の水準にまで激減しています。ここが最大の問題で、より多くの女性の皆さんが「早く結婚」する、という状況をどうにかこうにか創っていくっていうことが、少子化対策には必要となっているのです。結婚すれば子どもをつくりますし、かつ、複数の子どもを設けるには、できるだけ女性の方が若く結婚しているかどうかが重要なんです。特に、医学的に妊娠率が低下していく前の年齢である「35歳」未満の婚姻率が重要なわけで、それが7割程度にまで、かつてより低下している、というのが少子化の最大の原因となっているわけです。

じゃぁ、結婚するかどうかは何で決まっているのかといえば、やはり、「所得」です。

例えば彼女、彼氏がいるかどうかについていえば、貧乏人には彼氏、彼女がすごく少ないのに対し、お金持ちには多い。したがって、お金がないから彼氏、彼女すらできないわけで必然的に、結婚なんてできない。例えば20代の女性に絞ると、年収が100万円未満の低所得層で彼氏がいるのは28％ですが、400万円以上稼ぐ高所得層で彼氏がいるのは47％に達します。つまり、20代女性に絞れば、高所得者は低所得者の約1・7倍も多く結婚できるチャンスがあるわけです。

だから、100万や200万円しか稼げていない若い独身女性たち（そしてそのお相手となる確率の高い若い独身男性たち）をせめて300万〜400万円稼げるようにしてあげれば、若くて結婚する女性が増え、自ずと出生率が増えていくことになるんです。

これこそ、客観的なデータが我々に示唆する、最も効果的な少子化対策です。こんな話なら、中学生だって、小学生だって理解できる、明晰な推論です。

ところが、頭のいい人がたくさん集まっているはずの政府からは、今、こうした「独身女性たちの所得を増やす」という、少子化対策において最も合理的、効果的な対策が、全然行われていないし、提案されてもいない。もう本当に悲しむべき事態です。

泉　それに今の日本の大学生のかなりの数が、奨学金で学費を払っているから、大学を卒業した瞬間に借金を背負ってしまうことになっています。勤めても給料の少なからぬ部分が借金返済に回ると、彼氏、彼女と付き合うこともできません。付き合っても結婚が見えない状況なのです。
だから20代のときに大きな借金を背負わさずに、普通に付き合えて結婚できるようにすると、言われたように子どもが増えるでしょう。

基本的に結婚さえすれば一定数の子どもが生まれ、しかも結婚したカップルの子どもの数が半分に減っているわけではないのであれば、婚姻数が減っていて婚期も遅れていることが出生数の減少につながっているでしょうね。

要するに、30代で結婚せず、結婚しても子どもをつくらないのは、多くの人が借金だらけだったりしてお金がないことも大きな要因でしょう。そこを是正する政策を打てば、自ずと出生数も増えていくに違いありません。

日本の貧困化をもたらし少子化を招く消費税

藤井　ホンットに不思議です。いま岸田内閣は、少子化対策に大型の定常的な予算をつけて、ど～んと進めるのだ、というスタンスで議論を進めています。ところが、「若い独身女性（そして男性）の所得を上げる」というどう考えても効果的、合理的な対策メニューは少子化対策には含めず、それ以外の、思いつきとも言いうるような、2人目や3人目の子どもをつくる時の補助だとか、子どもが大きくなって大学にいくときの補助だとか、少子化対策にはほとんど効果が見込めない対策ばかりが提案され、それに巨大な予算が付けられようとしている。なんでそんな事になっているのかは、僕にはさっぱり意味がわかりません。

泉　同感です。

藤井　給与が下がって少子化になったわけですが、ではいつから給料が下がってきたのかと言えば、データを見ると、例えばサラリーマン給与は、１９９７年の消費税を増税したタイミングから下がるようになってきたのです。

実はサラリーマンの給与は、高度成長期やバブル期などはもちろんのこと、１９９０年のバブル崩壊以後も、順調に伸び続けていたのです。ところが、１９９７年の増税によって給料はどんどんと下がってしまい、それ以後、まったく伸びなくなってしまった。

そしてその後も、２０１４年の消費税率を８％に引き上げた時に、給与は一気にドーンと下がってしまう。さらには、２０１９年に消費税率を10％にした後もさらに下がる、ということになっている。つまり、データによれば、日本人の賃金を下げてきた原因は明らかに「消費税増税」なんです。

ちなみに、これまで２００８年のリーマン・ショックなどの時も給与は下がるんですが、そのショックは一時的なのでスグに元に戻ります。ですが、消費増税の場合は、増税されるとずっと増税されっぱなし、という状態になるので、給与が元に戻る、ということにはならず、下がりっぱなしになる。その結果、1997年の消費増税直前の頃に比べて、現時点でおおよそ1割程度も給与は下がってしまっているのです。ちなみにこれはいわゆる「月給」ですから、ボーナスも入れた年収で考えるともっと大きく減っている事になります。

なぜこうなるのかといえばもちろん、消費税率を上げれば消費が減る、という効果があるからです。消費が減れば投資も進まない。こうして消費も投資も減れば、全ての業者の売り上げが減って、結局給与がさらに下がる。給与がさらに下がると消費も投資もさらに冷えこんでいく、ということが繰り返される。つまり、給与の下落と消費・投資の下落の悪循環、がおこるわけですね。

泉　増税と貧困化と少子化の間には深い関係がありますね。

藤井　そうです。要するに増税して貧困化し、少子化した、ということが、データ上明々白々になっているわけです。ところが、自民党では、あれだけ少子化対策するぞと声高に叫んでおきながら、積極財政派と呼ばれる政治家たちですら、消費税の減税については、ほとんど口に出さなくなってきている。

ちなみに、それだけ消費税について自民党の人たちが頑なに口をつぐんでしまっているのは、ひとえに、財務省の顔色を窺っているから、ということ以外の理由は考えられません。消費税の減税は、財務省は絶対に嫌がっているわけで、そんなことをやろうとすれば、財務省からどんな攻撃を直接間接にされてしまうかわからない、という事についての潜在的な恐怖心が与党サイドにはあり、結局は皆、保身のために消費税減税については何も言わなくなってしまっているわけです。そして、そうしているうちに、そういう自分を正当化するためにホントに減税しちゃダメだ、っていう理屈を信じ込んでしまうようになっています。つまらない話です。ちなみにそういう傾向は自民党だけでなく、野党についても起こっていて、立憲民主党等では、今となってはもう、ほとんど消費税増税のことを批判しなくなりました。

ですが、消費税減税程に、国民の所得を上げる効果的かつ具体的な処方箋などないのです。消費税率を10%から5%にするだけで、人々の消費は一気に拡大することは間違いありません。しかも、消費減税をすれば物価も下がりますから、実質賃金もそれによってさらに一気に拡大する。そうなれば日本経済が明るくなって少子化対策も大きく進むことは確実です。僕はこの問題についてもう、何百回、何千回も考えてきましたが、どこをどう考えてもこの当方の主張を論破できる隙なんて、どこにもないようにしか思えない。だから、誰でもいいから、自信があるなら是非、当方を論破して貰いたいと思います。やれるものなら是非、やってもらいたいです。でも、そんなことは絶対できない、としか言いようがない。なぜならそれくらいに自明の正当性がある話だからです。だけれども、僕以外の学者は殆ど誰も、消費税減税こそが貧困対策、少子化対策で効果的だ、なんてことは言わないのです。

泉　消費税は福祉財源として、確信的に上げなければならない、という感じになっていますね。

藤井　本当にそうです。消費税を減税するための「ファイター」としては、例えば野党の山本太郎さんたちを挙げることができる。でも、少なくとも今のところ、政治の流れを抜本的に変えていく程に大きな政治的な力がある、とは言いがたい状況にあります。さらに言うと、山本さんの左派系とは異なる、保守系の参政党の参議院議員の神谷宗幣さんも、同様の趣旨で消費税減税、積極財政を主張していますが、少なくとも今は、参政党の国会議員は神谷さんお1人であって、それだけではなかなか政治の流れを大きく変えることができる状況にあるわけではありません。

泉　ヨーロッパに比べて日本は消費税率がまだ低いので、お金がないなら消費税を20％

近くまで上げるべきだというような話は、財務省、学者、マスコミなどの人たちの間での一種の神話みたいなものになっていますね。

藤井　だから僕は、先に述べたようなデータで示しているわけです。そして、こうした客観的なデータを理解し、デフレ脱却のために正しい対策である消費税減税をすべしと考え、全力で行動する政治家が出てくることを、そしてそうした方々のおかげで世の中が変わっていくことを、心から祈念しています。

泉　消費税に関連してはマスコミの問題も述べておかなければなりません。マスコミは取材力も弱っているし、見抜く力も洞察力も発揮できていません。

そのため今や行政の都合のいい情報をそのまま垂れ流していて、行政の広報機関になってしまっています。マスコミ出身の私としてもすごく残念で、ツイッター（現、X）とかでマスコミに対して「何とかしろ」と吠えています。

藤井　新聞なんか前回の消費税増税に関して、自分たちだけにちゃっかり、軽減税率を入れてもらいましたね。その結果、まるでお小遣いを貰った子どものように、何の批判も言わなくなってしまいました。こりゃもう、有り体に申し上げて、税制を使った単なる「買収行為」ですね。

泉　軽減税率が新聞だけに適用されているのは、本当に納得がいきません。確かに国民の知る権利などの概念からして諸外国でもメディアが税を軽減される例は多いわけです。それなら日本も、ネットニュースや出版物に対しても軽減税率を適用すべきでしょう。新聞が本来、そうしたキャンペーンを張らなくてはいけない立場なのに、政府と手打ちをしてしまったのは、新聞の一種の自殺行為ですよ。

藤井　そのようなマスコミの状況もあり、それをつくった官僚たちの状況があり、そしてそれらを受けて成立した、政治家たちの与党や野党の現状がある。そうした状況の中で、半ば必然的に賃金がどんどん下がってきていて、この状況が変わらない限りさらにさらに下がって行くことも必至です。そしてその結果、近い将来には、今の日本の国民が想像できないぐらいに深刻な貧困に、将来の日本人はさいなまれる事になるでしょう。今の状況を見る限りにおいて、それはもう、確実、ですね。

僕はそれを強く憂えているので、学者あるいはニュース解説者としてテレビやネットなどのメディアを通じて情報発信したり、知り合いの政治家たちとも相談しながら、現状打破にますます力を入れてきたわけですが、これからもそうした取り組みを、できる限り続けていこうと思います。もうそれしか日本を救う手立てはないわけですから…。

第6章

日本活性化へ、2人の未来戦略！

泉市長時代と同じことをやるのは前例主義となる

藤井　知・情・意の体積が政治家にはとても大事で、有権者の皆さんとの信頼関係を結ぶことができるかどうかが政治家の価値の本質だ、ということを今日はお話しして参りましたが、当方はあらためて、泉さんという政治家は、知・情・意の体積が大きい政治家であり、かつ、有権者の皆さんとあつい信頼関係を結んでおられたのだと、感じました。

とはいえ今は、政治家を引退されています。が、それでも世間には、泉さんに対して政治家としてさらに期待する声があるのも事実であって、やはり多くの人たちが、泉さんは今後どうするかについて関心を持っています。

もう一度、明石市長に返り咲くかもしれませんし、県や他の市の行政、あるいは国政のほうもあり得ると思いますが、今はそのあたりについて、どうお考えでしょうか…？

泉　よく聞かれる質問です。私は10歳で「冷たい明石を市民のほうを向いたやさしい街にしよう」と誓って、自分の生涯の仕事として明石を変えると決意しました。そして、明石市長の12年間で明石を大きく変えることができたと自負しています。

けれども、私の市政には3つの批判が浴びせられてきました。まず1つ目の批判が、子ども支援に手厚い半面、高齢者をないがしろにしている。これはウソです。高齢者支援も明石市はトップレベルになっています。

2つ目が、子どもと高齢者を支援してもインフラは放ったらかしだ。これもウソです。インフラもちゃんと手がけてきました。

3つ目が、子どもも高齢者もインフラもやっているとすれば財政が破綻している。大ウソです。明石の財政は黒字化して貯金も増えました。3つの批判とも事実じゃないので、事実をもってすべて完全に反論できるのです。

藤井　とすれば普通の首長ならそのまま続けたいと思うのではないかと思うのですが……？

泉　確かに与えられたなかでのやり繰りはできます。明石市長としてダイナミックなお金の動かし方をしてきました。しかし変えたかった部分を大きく変えた以上、もはやこれ以上、大きく変えることはできません。

それでも変えようとすると、私としては貨幣を発行する権限がない限り無理だと思っています。でも地方自治体には貨幣を発行する権限はありません。

藤井　さらに変えようとしても市でできることには大きな制約があって、その制約条件を国が決めているということですね。

泉　私は政策を実現するために明石市のお金のシフトを終えました。市役所の職員の意識改革も行ってその仕事ぶりも変えました。これ以上、市長を続けたところで、今の枠組みではたいしてできることもなかったでしょう。裏を返すと、ここまでぐらいがちょうどいい。

藤井　後は市長の仕事としては「事後メンテナンス」をしていくぐらいしかないということですね…？

泉　そうなんです。私は市長になって10年ぐらいで、市政でやりたいことはだいたいやったと判断して、マスコミが報道してくれないような、自分が大事だと考える情報の発信をツイッターで始めました。それまでツイッターを我慢していたのは、明石で成功事例をつくる前に炎上してしまったら、持ち堪えられないだろうという気がしたからです。

ツイッターを始めたときには、これからやるべきなのは明石での取り組みを全国に広げて国を変えていくことではないかと感じていて、市長職にどう区切りを付けるかも思案するようになっていました。それに市長に初当選したとき、市長をやるのは10年ぐらいにしようとも思っていました。

そして結局、自分の2度目の暴言の不始末もあって、ケジメをつけて市長を辞めることにしたのです。だから、私はもう明石の市政に戻ることはありません。ところが、私が市長を辞めるときにマスコミからは「院政を敷く」と言われました。

藤井　マスコミというのはいろいろと勘ぐりますからね。

泉　おかしな話です。院政を敷くくらいだったら自分で市長を続けますよ。後は私の気づかなかったことにもちゃんと目配りするような人が市長をやればいいんであって、むしろ私と同じようなタイプではダメなのです。それで私の子分じゃなくて、ちょっとスタンスの異なる人を後継に据えました。

ちなみに私が明石市長を辞める日に職員に向かって行った最後の挨拶はこのようなものでした。

「皆さん、私のことは一切忘れてください。私は前例主義に批判的です。これまでやってきたことを真似するなと言ってきた以上、私も真似されたくはありません。私のことを意識して、泉市長がやったことだからという理由で政策を決めないで欲しい。これからは新しい市長と一緒にそのときに最もいいと判断したことをやってください。私の言ったことと正反対のことであってても、やってください。それが私の言う前例主義を乗り越えることになるのです」

その日から明石市役所には1歩も入っていませんし、市役所の関係者にもまったく何も指示していません。

藤井　それはホント、潔いですね。

泉　クサい言い方だけど、私がいなくても大丈夫な明石市と職員の体質もつくりました。今年4月の市長選では私の後継者で、前例主義を踏襲しなくてもいい人材を市民に選んでもらいました。投票率も上がりましたし、自民党と公明党がタッグを組んで必死に頑張った候補者に対してダブルスコアで、しかも政党に依拠せずに市民だけの支持で勝ったわけです。

明石市民は市民のほうを向いて政治をする人間を選ぶところまで来ています。もう大丈夫です。私が明石市に戻る必要はありません。

小学生・中高生・大学生対象の「子ども政経塾」

藤井　泉さんは明石市長を辞めて日が浅いので、今後の十分なプランニングはまだ立てていないかもしれませんが、国会議員を2年間務められた時期もありましたし、改めて「国政」へ出て行くお考えもおありなんじゃないかと思うのですが、そういう可能性がありますか。

泉　その点については、今のところまったく白紙です。

藤井　なるほど、その可能性も十分あり、ということと、認識させていただきますね(笑)。では、現役の政治家ではなく、政界における「監督業」や「シナリオライター業」としてのビジョンについても何かおもちでしょうか…？

泉　方向性としては自分のなかで未来展開、横展開、縦展開の3つに大きく整理しています。

未来展開は小学生バージョン、中高生バージョン、大学生バージョンの子ども政経塾を始めて、「政治家は汚い仕事じゃない。胸を張れる誇り高き仕事なんだ。みんな頑張れ」

と伝えることです。

藤井　素晴らしいです！　それはホントにとてもお手伝いしたいです。

泉　ぜひぜひ、お願いします！　私は10歳で誓って50年間かけて政治家としての仕事を成し遂げてきました。だから、50年後の私をつくりたい。逆に言うと、私は50年かけて何とか明石で形をつくることができた程度なので、時間はかかるかもしれません。

今の10歳の子どもが日本を愛し何か思うところがあるのだったら、いい日本をつくって欲しい。2、3年後のことしか考えないとスケールが小さくなります。50年後の日本を託す人材を応援したいのです。

今の10歳が60歳になる日本で、110歳となる私が生きているかどうかわかりません。私の子どもや孫は生きている可能性が高いので、「この社会をこれからもよろしくね」ということも含めて、子ども政経塾をやりたいと思っています。

やる気のある大学生はけっこういるのです。それが古い政治家に弟子入りして、いわゆるカバン持ち的なこと、つまり狭い選挙対策とか政局絡みの動きばかり担ったら、本当に志のある政策は後回しになってしまいます。やはり王道を語る言葉を身に付けて、やりたいことを優先すべきなのです。

藤井　なるほど、仰るとおりですね。ただ念のために申し上げておきますと、当方は必ずしもカバン持ちが全て無駄だとは思いません。カバン持ちをやるなかで、意外にいろいろな政治の裏側やいろんな人間同士、組織同士の関係性が見えてきたりして、勉強になる、ということもあると思います。カバン持ちをやることでしか物事が動かないこともあるようにも思います。

でも、政治はカバン持ちだけでは断じてありませんよね。というよりむしろ、カバン持ちをやる前に絶対やらねばならないことがあります。まずは「大きな志を持って天下国家を語る」ということです。それもないのにカバンだけ持ってたって、そんなの単なる小役人中の小役人のようなもの。そんな奴は何の使い道もない、クズ政治屋にしかならない。自分の心のなかに何もないスッカラカンの状態でカバン持ちになると、陳腐な発想や行動しか生まれないからです。今の岸田総理の周辺にはそういうカバン持ちしかいないのではないかと感じますが…どうなんでしょうね。

泉　岸田総理の息子さんもカバン持ちになって、やったことで目立ったのは首相公邸での忘年会でしたからね。

ともあれ、政治というものは泥臭いけれども美しい。政治家を志すことは大事なことです。同時に政治家はしんどい仕事だし責任も伴います。それに耐えられる強い心なり優しい心を持った政治家の人材を増やすことがやはり私たちの社会に大きなプラスになるのです。そういう意味からも、ぜひ子ども政経塾をやりたいと思っています。

藤井　絶対に面白くなりますね。

泉　私には多くの中高生から「自分も将来、政治家になりたい」という手紙がひっきりなしに来ます。私のツイッターなども読んで、今の日本社会を非常に憂いているのです。これまで他人に政治の話をするのが恥ずかしかった。けれども、政治に対して本気で取り組んでいけば街は変わるんだ、とも考えるようになってきています。そんな思いの中高生が大勢いるのであれば、子ども政経塾を通じてぜひ応援してあげたいのです。

藤井　僕は地上波のテレビで自分の企画する番組を2つやっています。1つが経済・政治を中心に話題のトピックスを徹底解説する『東京ホンマもん教室』で、これは僕のイメージではテレビ番組というより学校なんですね。

で、もう1つが『ももいろインフラーZ』で、アイドルグループ、ももいろクローバーZさんに出てもらっている番組です。で、この、ももいろインフラーZというのは「インフラを学ぶことを通して日本を救おう」という秘密結社、という立て付けになっています。で、この番組では、ももクロの女の子たちがこの秘密結社の「新入生」であって、教室で彼女たちをいっぱしのインフラ戦士に育てるあげるための授業を、当方が教官として行う、で、その授業の様子を番組として流す、という内容となっています。

「つまりこんな具合で、あくまでも「教室」というスタイルにこだわってＴＶ番組をつくっているわけですが、こうしているのは生徒や学生から一般の方々に至るさまざまな方を対象に、学校でもマスメディアでもまったく教えてくれない本当の情報を、しっかりと教えることで、まっすぐに、正しく発展していく世の中をつくっていきたい、と祈念しているからです。

一方で僕は京都大学では大学生、大学院生に、国土交通大学校では官僚相手に教えているし、雑誌表現者でも表現者塾、という塾を企画してきました。そのほか、誰にも告知せず口コミだけで存在を知ってもらっている私塾からは、すでに神谷宗幣をはじめ政治家が何人も出ています。

もともと教師ですから、日本に貢献する人材を何とか育てていきたいという志向が、当方にはそもそもあるわけです。

泉　私も未来とか子どもというのが自分のキーワードなので、未来に対する責任を果たすという感覚を強く持っています。私は東京大学の法学部を出たとよく誤解されるのですが、実際には東大での専攻は教育学部の教育哲学です。そんな私が子ども政経塾をしたくなるのはむしろ当然だと言えるでしょう。

自分の街は自分が主人公になって変えていく

泉　次に横展開。これは、私の明石市での経験なり失敗なりを参考にしてもらえるのであれば、ぜひお役に立ちたいということです。

明石市長だったときには、当然、明石の街と明石市民のためだけに働いてきました。他の街の応援は明石市長の仕事じゃないからです。明石のために「24時間365日戦います」という明石市長としては、実際に他の街から「応援して欲しい」と請われたときも、遠慮したものでした。

市長を辞めてからは、市長選挙や議会議員選挙などにも積極的に関わっても構わないし、実際に一部で関わっています。最近も、とある市で市長選に担いだ候補者のために、私がマーケティングを行い、シナリオを書いてチラシもつくりました。これにはやはり、明石市長として監督、シナリオライター、主演をやった身としてもいろいろ思うところがあります。

藤井　ご自分で立候補しないなら、少なくとも主演からは外れますね。

泉　その分、より客観的に見られるということにもなります。

明石市長の時代は、たとえ皆ができないと思い込んでいても、政治を変えられる、街も変えられる、やればできるんだということを証明したかったのです。お陰様で、明石市では多くの成功事例を残すことができました。

もちろん、それらは明石だけでなくどこでもできることです。ただし「同じことをしろ」とは言わないし、街の個性も違うのだから同じことをやっても通用しないかもしれません。それでも、それぞれの街の人たちには、自分の街は自分が主人公になって変えていけることを証明してもらいたいし、私がそのお手伝いができるのなら本望です。

かつての明石市がそうだったように、皆ができないと思い込んでいることでも、やろうとすれば必ずできます。私は、変えようという人、頑張る街を応援したい。

藤井　しかも、泉さんが明石市長になったときには日本にはどこにも成功事例はなかったのかもしれませんが、今は明石の成功事例がありますもの！

泉　そういう点では、当初、実例が何もなかった私に比べて、これからやろうとする人はやりやすいと思います。

国民のためには県や国ももっと市民のほうを向いた政治に変わらなければいけません。繰り返しになりますが、頑張って働いても給料が上がらず負担ばかり増えるという社会がいいわけがないでしょう。

それを何とか是正するのが政治の役割です。ただし政治では選挙に通った者だけが担うというものではありません。そういう意味でも私は1人の市民として横展開をしていきたいのです。

明石市長としての私は監督、シナリオライター、主演の3つをやってきました。けれども、もともと私は主演には向いていない。主演だけだとコメディになります。市長を辞めたので、自分の役回りとしては監督なりシナリオライターなりが向いているんじゃないかと思います。

人はリアリティのある聞きたい話しか聞かない

藤井　いわずもがなですが、選挙は本当に戦略が大切、ですよね。漫然と挑んでも勝てない。

泉　選挙では私も候補者に対して「演説の言葉にもっと熱を込めて」とか「その場所にあった訴えを」とか言っています。

藤井　その意味でやはり振り付けは大事です。5～6分の選挙のスピーチでもそれがどういう趣旨のスピードなのかわからずにしゃべっている候補者もいる。

どんなスピーチでも、言うべきことの根幹を一言で言うなら「有り難う」なのか、「ごめんなさい」、「よろしく」なのか、そういう事をまずしっかりと自分自身の中で固定した上で組み立てないと、一体何が言いたいスピーチなのかがわからなくなってしまう。実際、「ありがとう」という趣旨の話をするのだろうというイメージを皆が持ちながら5分、6分とスピーチを聞いていても、結局最終的に「ありがとう」を言わないで終えるような候補者もいる。そういうの見たとき、本当に「何とあほな…あんたは選挙に負けたいのか!?」とすら思ってしまいますね。

泉　何を話しているのかを本人がわかっていないと本当に困ります。それにけっこう、聞いている人の目線になれない候補者もいるんですね。駅前だったらサラリーマンが多いから子育ての話がいいし、移動して市営住宅に行ったら高齢者ばかりだから、当然、介護などの話になります。駅前で介護の話をしたり、市営住宅で子育ての話をしても聞いてくれません。

聞く人の層に合わせてしゃべらなければいけないのに、覚えている同じ話だけをしゃべる候補者も実際にいます。

藤井　そんな人はやはり知・情・意の体積が小さいんでしょうね…。

泉　選挙演説では、常に聞いている人の立場で訴えなければなりません。

藤井　そうでないと、聞いている人の心には絶対何も届かない。

泉　例えばマンションに行って、10分くらいのスピーチをしているとき、マンションの窓がどれくらい開くかが重要なんです。結局、話を聞きたいと思う人しか、聞いてくれません。つまり、人は自分に関係がある話しか聞かない。だから、聞いている人にとってのリアリティのある話が大事なんです。

高齢者にとっては、例えば「この交通の不便な地域にコミュニティバスを増やします」とか、「介護のときに市のほうからヘルパーを派遣します」というメッセージなんかが効果的ですよね。

政治家は市民のニーズに答えるのが仕事だから、演説でも覚えた原稿を読むように話すのではなく、ちゃんと市民のニーズに答えるようなことを訴える意識が欠かせません。

「裸の王様」には正しいことの実現の仕方がない

泉　そして縦展開です。論点は2つあります。1つは県のあり方をどうするかということです。例えば明石市民は兵庫県民でもあるので、明石市民として兵庫県のあり方をどうするか。もう1つはもっと大きな話で、国家なるものにおける今の政治のあり方についてです。
後者に関してだけ言うと、私にも思うところが当然あります。プレイヤーになるかどうかはさておき、国政に対して監督、シナリオ、演出、照明、音声を含めてどういう役割があるんだろうかと思案しているのです。国政と距離を置いて何かをするのでは自分としてはちょっと物足りないので、今は少し国側の部分に寄って関わることを考え始めているぐらいでしょうか。

藤井　泉さんは国のほうにもいろいろなコネクションがあるでしょうし、自民党の政治家たちや官僚たちもよくご存知でしょう。

泉　すでに複数の政党から役員に就任しないかという話があったり、ある方からは新党結成の話があったりしました。皆さん、私を一種の若干キワモノ系のキャラとして使いたいということではないでしょうか。

藤井　国会議員時代には田中角栄以来というくらい多くの議員立法をつくられたわけだし、泉さんはやはり政治家としてものすごい力をお持ちなのだと、僕は本当に思います。日本では、だいぶ良い方の政治家をだけを考えたとしますと、彼らはだいたいは共感性と一定の根性があるけど、知がちょっと少ない。僕はもちろん、政治家は知がなくても情と意があれば、政策の細かいところは信頼できるブレインに任せておけばそれなりのことはできるから、それはそれでまぁ、いいとは思うんですが、やっぱり「知」があればなおさらいい。

で、泉さんの場合には知も相当あるので、ブレインをわざわざかかえなくても、1人の個人商店の政治家でも、かなりのことができるのではないかと思います。その点でも貴重な人材だと思います。

泉　国会議員には法律家出身が多いのだから、議員立法もどんどん行ってもらいたいですね。それよりもやはり、藤井先生のほうがより政治家に向いていそうですよ。演説に毒が入ってますから（笑）。

藤井先生には強烈な思いがある。それは愛であり、ときには怒りであるかもしれない。そこに知も加わって本質が見えておられる。だからすごくて、「裸の王様」の少年のように「本当はこうですよ」と言いきってしまう強さがあります。

私は「裸の王様」の話は嫌いではありません。しかし現実には「王様は裸だ」と指を差したら、その人は首を刎ねられますよ。だから、もっと上手にやらなければなりません。あそこで「王様は裸だ」とは言わずに、「王様のきれいなお召し物が汚れますから、片づけられたほうがいいですよ」と言うべきでしょう。

現実は、「これが正しい」言うだけで正しいことが通るほど簡単ではありません。正しいことを実現するためのやり方が「裸の王様」の話には欠けています。そういう意味では、本質を見抜く力のほかにプラスアルファの力がいると思うのです。

自分のなかで正しいことを実現したいなら、まずは市民や国民、自分たちの社会に対する強い愛が基盤にあって、何が必要でどういうストーリーをつくれるかという知的能力もいるし、根性論というより一種の使命感や役割認識も求められ、状況によっては1人でなくチームを組まなければならないときもあります。

現状の政治はバラバラでほとんど愛がないことが多い。俗に言うずるい賢さみたいな調整能力だけに長けていて、一種のごまかしやその場しのぎというものが続いてきています。それが今なのです。長い目で見ると、当の本人も含めて首を絞めているという話だと思います。私の危機感は強いですね。

藤井　もう、そんな泉さんに、総理大臣を是非やってもらいたいですね！今度の総選挙に立候補したら、泉さんなら絶対通りますよ、で、そっから頑張って、国会で首班指名を受けるところまで行って欲しいですよ（笑）。

総理大臣なら子どものために年間10兆円を使う

藤井　仮にですよ。来年か再来年くらいに総理大臣になったとしましょう。もちろん、思考実験のための仮定の話ですが、その時、泉さんなら一体何をされますか？

泉　総理大臣だったら、それはもう一気にお金を子どもに投資します。しかも、セコいことは言わないで、国債を発行して年間10兆円を子どものために使うわけです。

藤井　子ども政策のための特別国債ですね。

泉　名称は「子ども国債」でいいと思います。いずれにせよ、明石市でやっているような医療費・保育料・給食料の無料化を行い、学費面でも子どもが楽に大学を卒業できる制度をつくるのです。これらは年間10兆円あれば十分にできます。

加えて総理大臣として「国がちゃんと応援しますから、子どもを２人目、３人目と産んでいただいても大丈夫です。私の責任で大学卒業までお金の心配がいらない社会をつくります」と強いメッセージを打ち出します。子どもの成長に国が責任を持つということです。

藤井　子どもに10兆円の予算を使うと言われましたけれど、これは10兆円そのものが大事なのではなく、「十分なおカネを使う」ということをおっしゃった、っていうことですよね。

泉　そうです。子どもを育てるための安心をつくるには、それぐらいの規模感が必要だということです。

藤井　子どもがきちんと育つ状況をつくる、そのために国家としてお金を使う、というメッセージを出せば国民も本当に安心しますね。

泉　しかも、もう国民に負担は課さないし、現状の国民負担も減らします。そのために国債を発行して安心を提供するのです。

藤井　しかし、そんなことをやると、必ず変な学者が出てきて、「国債を大量に発行すると金利が上がる。それで国家財政が破綻したらどうするんダ〜！」とか言ってきますよ。

泉　学者に限らず、財務官僚やマスコミなど、いろいろと抵抗する勢力が出てくるでしょう。それに、きちんと反論するというのが政治家の役割です。トップの決断が揺るがなければ、やり通すことができます。

藤井　子どもにお金を使うほかに、基本的なインフラである新幹線や高速道路などをさらに整備して欲しいですね。

泉　そういうことも含めて、今の経済の悪循環を好循環に転換できるのは、強いリーダーシップを持った政治家による大胆な方針転換だけだと思います。

藤井　泉さんならそれができます。保身などともまったく無縁だし、やはり総理大臣に向いている。そうなったら是非、僕にもお声かけください！　仮におじゃまする機会があ

って も決して、忘年会で公的かつ歴史的な階段で「ピース」の写真なんかも撮ったりしませんから（笑）。

泉　でもお互い、口がちょっと災いになるかもしれませんね（笑）。

藤井　ホント、それは十分あり得るお話ですね。でもホント今日は楽しかったです。また是非、いろいろとお話を続けて参りましょう。これからもよろしくお願いします。ありがとうございました！

泉　こちらこそ、ありがとうございました。

あとがき

藤井　聡

どんな国でも滅びる日が訪れます。

それは、どんな人でも遅かれ早かれ死んでしまうことと同じ。

だから、日本もいつかは必ず滅び去ります。ですから日本がいつか滅び去ってしまうことそれ自体は、ことさら悲しむ必要などありません。事実を事実として、現実を現実としてただただ受け止める以上のことなど我々にできるはずなどありません。

しかしだからといって、日本ができるだけ長く繁栄し続けるための努力を「放棄」する必要などはどこにもありません。それは、いつかは死ぬのだからといって、健康維持のための努力を放棄する必要など全くないのと同じです。

もしも自らの健康に全く配慮しない人物がいたとすれば、そういう人は早晩、大病を煩い大怪我すると共に、そこから回復するための努力をすら一切することもないでしょう。結果、彼は自らの寿命をいたずらに縮めるのみならず、その病と怪我による激しい苦痛に死の瞬間がまさに訪れるその刹那まで苛まれ続けることになるでしょう。

我々はそういう人間を目にすれば、何と**馬鹿な人物**だと密かに思うことでしょう。生き続ける気もなく苦痛を回避する事に何ら興味関心もないのならいざ知らず、そうでないのなら少しは頭を使って節制したり病院へ行ったりすればいいのにと思う他ないからです。

しかし、誠に残念ながら今の日本は、そういう**「馬鹿丸出し」**の状態にあります。

四半世紀以上続く経済不況に対して何の手立ても講じない。

国民から不満を言われれば、とりあえず財界や米国の言いなりになってさえいれば財務省と戦うなんていう面倒なことを何もせずにいくらでもスイスイ推進できる「改革」なり「自由化」ばかりをやって、「これが不況対策ダ」と大見得を切る。しかしそんな事をいくらやっても、効果がないどころか状況が悪くなる他ありません。これでは真冬に風邪を引いた子供に半袖半ズボンで外に遊びに来かせる馬鹿親と同じです。

円安と世界情勢不安で資源や食料が高騰し国民が苦しんでいても、効果的対策なんて何もしない。

とりあえず財務省にお伺いをたて、やってもいいという許可が下りた対策だけをやる、ということだけを四六時中繰り返す。だから、最も合理的で効果的なガソリン税減税や消費税減税なんてのは絶対にやらない。一方でいつでも簡単に打ち切る事ができる補助金でお茶を濁し「やってる感」だけアピール。しかもそんな補助金を出した分は、事後的に増税や社会保険料率の引き上げで国民から吸い上げることを水面下で画策する。

極東の安全保障問題は、全て米国からの指示通りにしか動かない。

本来なら米国と交渉しつつ、自国だけで十分な抑止力が発揮できる程の防衛水準を目指し、日米地位協定の見直しと国内防衛産業の育成を目指すべきところ、そういう指向性は全くナシ。ただただバイデン氏の言う通りに防衛費を倍増し、韓国と融和し、ウクライナを支援し、ロシアに徹底的に敵対しています。そして日米韓の連携を強化し、米国が参戦を拒否した中での台湾有事で「矢面」に立たされ、米国不在で中国と直接戦わざるを得なくなる――という悪夢の現実味が高まりつつあります。

つまり、普通の国家ならやって当たり前の危機対策について一切何もせずに、やらなくて良い事ばかりやっているのです。

まさに馬鹿丸出し。

このままなら、近い未来に日本が「滅び去って」しまう事は確実。

こうした日本の憂うべき現状について、筆者は深い焦燥感を抱くに至りました。

そしてその焦燥感は日増しに拡大し続けています。なぜなら、そうした焦燥感を持つ政治家が永田町にほぼ皆無だからです。

しかし――泉房穂前明石市長は、筆者と全く同種の焦燥感をお持ちだったのです。泉市長と初めて直接お目にかかってから、驚くべき事に僅か2ヵ月しか経っていませんが、その間に実に密度の濃い長時間の対談を複数行いました。泉さんは明石を活性化する行政に10年以上の歳月を市長として費やし、明石市の子育て環境を抜本的に改善し、経済を活性化し、人口を増やし、市長としてできるだけのことを全てやりきり、市長を退任されました。

こうした地方行政ができたのは偏《ひとえ》に、戦後日本で繰り返された**「馬鹿丸出し」の政治と行政に、一線を画した「愛」と「知性」と「気概」に溢れた地方行政を展開なさったから**に他なりません。

本書では、そんな明石市での泉さんの奮闘をお伺いしつつ、これからの日本に如何なる政治が求められているのかを徹底討論しました。

この対談で論じあった内容を実際に実行すれば、日本は間違いなく他国の追従を許さない途轍もなく豊かな国に成り果すことができます。後はそれを実現しようとする日本人がこれからどれくらい現れるかという一点にかかっています。

ついては本書を読まれた皆様と是非、本書の内容を実現するための具体的議論を重ねて参りたいと思います。

本書出版にあたり、おとりまとめ頂いたビジネス社の中澤直樹氏、そして何より本企画に二つ返事でご賛同頂き、貴重な時間を対談に割いて頂いた泉房穂さんに心から深謝の意を表したいと思います。

ありがとうございました。

[著者略歴]
泉　房穂（いずみ・ふさほ）
1963年兵庫県生まれ。東京大学教育学部卒業。NHK、テレビ朝日でディレクターを務めた後、石井紘基氏の秘書を経て、1997年に弁護士資格を取得。2003年に衆議院議員に。2011年５月から2023年４月まで明石市長。「５つの無料化」に代表される子ども施策のほか、高齢者・障害者福祉などにも注力し、市の人口、出生数、税収をそれぞれ伸ばして「明石モデル」と注目された。
主な著書に、『政治はケンカだ！』（講談社）、『社会の変え方』（ライツ社）、『子どもが増えた！』（共著・光文社）、『子どものまちのつくり方』（明石書店）など。

藤井　聡（ふじい・さとし）
1968年奈良県生まれ。京都大学大学院工学科教授。同大学レジリエンス実践ユニット長。『表現者クライテリオン』編集長。京都大学工学部卒、同大学大学院修了後、同大学助教授、イエテボリ大学心理学科研究員、東京工業大学教授を経て、2009年より現職。2018年よりカールスタッド大学客員教授。主な著書に『神なき時代の日本蘇生プラン』（共著・ビジネス社）、『社会的ジレンマの処方箋』（ナカニシヤ出版）、『大衆社会の処方箋』（共著・北樹出版）、『こうすれば絶対よくなる!　日本経済』（共著・アスコム）など。

編集協力：尾崎清朗

「豊かな日本」は、こう作れ！

2023年10月７日　第１刷発行

著　者　　泉 房穂　藤井 聡
発行者　　唐津 隆
発行所　　株式会社ビジネス社
〒162-0805　東京都新宿区矢来町114番地 神楽坂高橋ビル5階
電話　03(5227)1602　FAX　03(5227)1603
https://www.business-sha.co.jp

〈装幀〉齋藤稔（株式会社ジーラム）
〈本文組版〉茂呂田剛（エムアンドケイ）
〈印刷・製本〉大日本印刷株式会社
〈営業担当〉山口健志
〈編集担当〉中澤直樹

©Fusaho Izumi, Satoshi Fujii 2023 Printed in Japan
乱丁、落丁本はお取りかえします。
ISBN978-4-8284-2554-2